KÖSTLICHE BLÜTEN

Brunhilde Bross-Burkhardt

KÖSTLICHE BLÜTEN

Rezepte und Ideen für jede Jahreszeit

UMSCHAU

INHALT

VORWORT

Von meinen Streifzügen durch die Botanik bringe ich immer etwas mit nach Hause: ein paar Blüten oder Blätter für einen Tee, Beeren zum Trocknen oder ein Sträußchen für die Vase. Wenn ich ergiebige Sammelgründe entdecke, erwacht ein menschlicher Urtrieb – das Bedürfnis zu sammeln und zu horten. So mache ich mich gelegentlich mit einem Korb auf den Weg und sammle Holunderblüten und Lindenblüten, später im Jahr Holunderbeeren, Hagebutten, Haselnüsse oder Wiesenchampignons. Einige Fundplätze für Topinambur kenne ich auch. Manch Wertvolles gedeiht direkt in meinem Garten: Schafgarbe und Johanniskraut, sogar Waldmeister, alles Wildkräuter, die ich im Garten angesiedelt habe. Schön blühende Stauden, Sommerblumen und Heilkräuter sind ohnehin da und laden zum Betrachten und Genießen ein.
Im Haus versorge ich die gesammelten Schätze. Manches verbrauche ich sofort, manches konserviere ich. Trocknen ist die einfachste Methode. Einsalzen, Einlegen in Essig oder Öl, in Wein oder in Hochprozentigen sind weitere Konservierungsmethoden. Schön geformte Blüten oder beblätterte Ranken ergeben stilvolle Dekorationen für den Tisch oder fürs Haus. Es bereitet mir große Freude, mit Floralem umzugehen. Es ist Balsam für die Seele. Gleichzeitig schätze ich die heilende Kraft der Kräuter.
Dieses Buch, in dem die Blüten die Hauptrolle spielen, ergänzt meine Bücher über „Wildkräuter und Wildgemüse", „Wildobst und Wildbeeren" und „Zauberhafte Pflanzendüfte". Mit dieser Buch-Reihe will ich die Leser und Betrachter dazu animieren, die Schätze in der Natur zu entdecken und lustvoll zu genießen. Wie ich selbst

damit umgehe, vermitteln die Fotos aus meiner eigenen häuslichen Sphäre. Am liebsten zeige ich die floralen Kostbarkeiten direkt bei meinen Kräuterspaziergängen und während der „Kulinarischen Erlebnistage in Hohenlohe".

Brunhilde Bross-Burkhardt

ALLGEMEINE SAMMELTIPPS

Schätze aus der Natur: Johanniskraut, Schafgarbe und Dost

In diesem Buch stelle ich die Blütenpflanzen in den Mittelpunkt. Ich beschreibe, wo man die Gewächse findet und wie man sie fürs eigene Wohlsein – zum Genießen und zur Freude – nutzen kann. Die meisten der hier vorgestellten Blütenpflanzen findet man in der freien Natur. Einige Kulturpflanzen, die in Mitteleuropa nur im Garten in Beeten oder in Töpfen gedeihen, sind auch dabei. Um in den Genuss solcher Pflanzen zu kommen, muss man sich also gärtnerisch betätigen – ich denke da an die Kapuzinerkresse oder an bestimmte Minzen. Wenn man Glück hat, findet man das eine oder andere Pflänzchen auf einem Wochenmarkt. Eine Gärtnerei in Mecklenburg hat eine Marktnische entdeckt und verschickt essbare Wildkräuter und Blüten. Deren teuer per Post verschickte Paketchen – Gänseblümchen zehnerweise – leisten sich jedoch nur Spitzenrestaurants in größeren Städten, wo es kaum möglich ist selbst zu sammeln. „Normale" Gourmets müssen sich schon selbst auf die Suche nach den Blüten- und Blattschönheiten machen oder die Mühe auf sich nehmen, die Pflänzchen selbst zu kultivieren. Ein Garten bietet natürlich die besten Voraussetzungen. Einige der in diesem Buch erwähnten Pflanzen lassen sich jedoch auch problemlos in Töpfen und Kästen auf dem Balkon kultivieren, zum Beispiel Hornveilchen, Gewürztagetes oder Honigmelonensalbei.

Viele Menschen interessieren sich wieder für die wild wachsenden Kräuter und lassen sich bei meinen Kräuterwanderungen mit dem Thema vertraut machen.

Glauben Sie mir: Die Suche allein ist schon ein beglückendes Erlebnis. Die nötige Pflanzenkenntnis möchte ich Ihnen in diesem Buch vermitteln. Noch lieber würde ich Ihnen die Kräuter lebend zeigen. Durch Befühlen, Beschnuppern und Verkosten prägen sich die Eigenarten der einzelnen Pflanzen viel besser ein als durch bloßes Beschreiben auf dem Papier. Ich lade Sie also ein, mich auf meinen Streifzügen durch die Natur zu begleiten. Meine Kräuterwanderungen bieten eine gute Gelegenheit fürs unmittelbare Erleben.

Von häufig vorkommenden und seltenen Kräutern

Einige Blütenpflanzen sind Allerweltskräuter. Löwenzahn und Gänseblümchen findet man überall auf der Wiese oder an Wegrändern. Man kann die Blüten ernten, ohne der Natur zu schaden. Man muss lediglich darauf achten, dass der Sammelplatz nicht schadstoffbelastet ist.

Bei selteneren Pflanzen sollte man sich zurückhalten und nur wenig ernten bzw. die Pflanzen sogar stehen lassen. Ich denke dabei an Schlüsselblumen, Johanniskraut, Dost oder Schafgarbe. Eine gute Möglichkeit, die wild wachsenden Kräuter zu schützen, kann sein, sie im Garten anzusiedeln. Ganz abgesehen vom Naturschutzgedanken ist dies auch praktisch, weil die Kräuter so jederzeit zur Verfügung stehen. Manches Kraut wächst im Garten genauso gut wie in der freien Natur oder sogar noch üppiger, weil es hier besser mit Nährstoffen versorgt ist.

Tausendgüldenkraut
Blutwurz (v. l.)

Sehr viele Heilkräuter wachsen jedoch nur an speziellen Orten, dort wo ihnen der Boden, die Feuchtigkeit und die Belichtung behagt. Im Garten finden sie solche Verhältnisse so gut wie nie. So wachsen zum Beispiel die Blutwurz (Potentilla erecta) und der Echte Ehrenpreis (Veronica officinalis) oft nebeneinander auf heideartigen Plätzen an trockenen Waldrändern; die Blutwurz und die Arnika findet man nur auf kalkfreien Böden. Die Arnika ist jedoch durch den Sammeleifer in der Bevölkerung so selten geworden, dass sie auszusterben droht. Selbst das an manchen Orten sehr verbreitete Echte Johanniskraut ist nicht überall in Deutschland zu finden. Ganz zu schweigen vom Tausendgüldenkraut oder vom Augentrost; das sind Kräuter, die die meisten Kräutersammler nur dem Namen, aber nicht dem Aussehen nach kennen. Solche seltenen Kräuter sollen an ihrem natürlichen Wuchsort stehenbleiben. Das Kräutersammeln soll keinesfalls dazu führen, dass die Natur geplündert wird.

Bei meinen Streifzügen durch die Botanik achte ich also sehr darauf, dass ich der Natur nichts wegnehme. Ich sammle nur dort, wo viele Exemplare einer Pflanze wachsen. Den Teilnehmern meiner Kräuterkurse rate ich, häufig verwendete Blütenpflanzen wie Schafgarbe oder Johanniskraut im Garten anzusiedeln. Einige seltene Pflanzen, die ich schützen will, habe ich gar nicht erst in dieses Buch aufgenommen. So entstehen erst keine Begehrlichkeiten.

Achtung: Giftige Pflanzen

Wer Blüten in der freien Natur oder im Garten sammelt, kommt nicht umhin, sich Pflanzenkenntnisse anzueignen, um Giftiges meiden zu können. Im Pflanzenreich lauern einige Gefahren. Im

Goldregen
Eisenhut
Maiglöckchen
Fingerhut (v. l.)

Wald können wir der Tollkirsche, dem Seidelbast, dem Aronstab, dem Maiglöckchen, dem Fingerhut und dem Eisenhut begegnen. Auf der Wiese wachsen der giftige Hahnenfuß und die Herbstzeitlose. Im Umfeld der Häuser stehen die hoch giftigen Gehölze Eibe und Goldregen, ebenso die Kübelpflanzen Oleander und Datura. Rizinus und Stechapfel sind ebenfalls giftig und im Blumenbeet Winterlinge und Goldlack. Und das sind nur die wichtigsten und bekanntesten Giftpflanzen. Beim Verspeisen von Blättern oder Früchten der genannten Pflanzen können ernsthafte gesundheitliche Probleme auftreten. Bei geringen Mengen und bei schwach giftigen Gewächsen sind die Symptome harmloser.

Stechapfel

Einigen weiteren Gefahren sind Kräutersammlern ausgesetzt. Sie müssen damit rechnen, dass Zecken sie beim Streifen durchs Gras befallen und sie mit den gefährlichen Krankheitserregern der Borreliose und der Zeckenencephalitis infizieren. Im Wald lauert die Gefahr, mit den Eiern des Fuchsbandwurms in Berührung zu kommen. Also bitte die Grundregeln beachten: Nichts essen, was man nicht kennt. Die Pflanzen nur dort sammeln, wo keine Infektionsgefahr besteht. Das Gesammelte möglichst waschen (nicht jedoch die Blütenpflanzen).

Blüten und Blätter frisch halten

Viele der in diesem Buch beschriebenen Blütenpflanzen werden frisch verwendet. Ideal ist es, wenn man die Blüten und Blätter direkt vor der Haustür oder im eigenen Garten findet. Dann geht am wenigsten verloren, und es erübrigt sich die Frage nach dem Frischhalten oder Konservieren.

Wenn es nicht möglich ist, die Blüten gleich zu verbrauchen, stellt man zunächst die ganzen Blütenstängel ins Wasser und zupft die Blumen oder Blütenblätter erst ab, wenn man sie braucht. Die Blütenstängel halten sich, in ein Wasserglas gestellt, einige Tage lang frisch. Im Kühlschrank, ins Dunkle gestellt, verblassen die Farben bald. Einige wüchsige Kräuter wie die Kapuzinerkresse oder die Brunnenkresse mögen das Wasser und ziehen in Vasen oder Schüsseln Wurzeln. Auf diese Weise bleiben sie wochenlang frisch, treiben sogar neu aus und schieben Blüten.

Es ist nicht ganz gleichgültig, zu welcher Tageszeit und bei welcher Wetterlage man pflückt. Bei Sommerhitze welken die Pflanzenteile schnell. An heißen Tagen sollte man die Blüten und Blätter morgens pflücken, bevor die Sonne hoch steigt. Dann bleiben sie bis zum Abend frisch. Das gilt auch für Rosen, die man an einem heißen Junitag zum Beispiel abends für eine Bowle oder für Dekorationen verwenden möchte; sie stehen eben den Tag über in der Vase.

Eine kleine Ausnahme macht der Waldmeister: Ganz frisch gepflückt riecht er kaum; erst nach einer Weile, nach ein paar Stunden entwickelt sich das typische Waldmeisteraroma. (Es ist der Inhaltsstoff Cumarin, der den Duft gibt.) Waldmeister kann man also ruhig ein, zwei Tage lang im Haus liegen lassen, bevor man ihn zur Bowle ansetzt.

Trocknen und Aufbewahren

Kräuterfreunde trocknen Blatt- und Blütenkräuter normalerweise für Tees und legen sich einen Vorrat an. Kräuterkundige machen sich an einem sonnigen Vormittag auf den Weg in den Garten oder in die freie Natur und sammeln blühende Kräuter für Tee. Eine günstige Zeit zum Sammeln der Kräuter ist in etwa von 10 Uhr bis 14 Uhr. Günstig ist es, wenn es ein bis zwei Tage vorher geregnet hat. Dann sind Blätter und Blüten sauber. Das Sammelgut sollte möglichst nicht gewaschen werden, weil beim Waschen wertvolle ätherische Öle verloren gehen. Blütendrogen wie Johanniskraut oder Schafgarbe werden auf keinen Fall gewaschen; allzu schmutzige Pflanzenteile sortiert man einfach aus. Bei den Blattdrogen mache ich jedoch eine Ausnahme: Wenn die Blätter von Brennnesseln oder Minzen sehr beschmutzt sind, zum Beispiel durch auf-

spritzendes Regenwasser, ist es selbstverständlich besser, die Blätter doch zu waschen. Die Kräuter, von denen ich einen Vorrat anlegen will, gebe ich in eine Salatschleuder zum Trockenschleudern und breite danach das Blattwerk auf einem Geschirrhandtuch zum Trocknen aus.

Als Unterlage zum Trocknen sind Geschirrhandtücher am einfachsten zu handhaben. Man kann auch Obststeigen aus Holz oder Plastik nehmen. Am schnellsten lassen sich die Kräuter in einem Dörrapparat bei niedrigster Einstellung trocknen. Die Trockentemperatur sollte auf keinen Fall über 40 °C liegen, weil sonst wertvolle ätherische Öle verloren gehen.

Die ganz trockenen Kräuter (Raschelprobe am Ohr machen!) in einen fest verschließbaren Behälter füllen. Das kann eine Blechdose sein oder ein Schraubglas oder eine dicke Papiertüte. Den Behälter unbedingt beschriften, die Jahreszahl nicht vergessen. Die Drogen lagert man kühl, dunkel und trocken. Zum Beispiel im kühlen Schlafzimmer oder in einem Treppenhaus, keinesfalls in den Küchendämpfen über dem Herd.

Himbeerblätter
Holunderblüten
Echtes Johanniskraut
(v. o.)

Das dunkle Lagern ist wichtig, damit die Blätter und Blüten ihre Farbe behalten. Farbintensive Blüten von Schlüsselblume, Kornblume oder Rosenblütenblätter verlieren am Licht sehr schnell ihre schöne Farbe und verblassen.

Einige der hier beschriebenen Kräuter verarbeite ich auch zu Würzpulver oder Würzmischungen, zum Beispiel Thymian, Ysop, Rosmarin, Majoran. Auch für diese pikanten Mischungen gilt: Trocken, kühl und dunkel (!) lagern.

Farbe für den Tee

Schwarze Stockrose

Das Trocknen und Aufbewahren verlangt einige Sorgfalt, dann sehen die Blüten und Blätter frisch und appetitlich aus. Zusätzlich kann man einige „schöne" Blütendrogen untermischen, die der Teemischung Farbe geben. Einige Blüten behalten auch getrocknet ihre schöne Farbe, vor allem Ringelblumen, Kornblumen, Malven, Kamille und Rosenblütenblätter.

Bei den „Schönungsdrogen" kommt es nicht unbedingt auf die Heilwirkung an, sie sind mehr fürs Auge da; es reicht, wenn man nur wenige Blüten zugibt. Die Schönungsdrogen verändern die Farbe des Teeaufgusses kaum. Zum eigentlichen Färben braucht man andere Blüten. Schlüsselblumenblüten geben eine intensiv

Kornblume

gelbe „Tasse“. Mit den schwarzroten Blüten der Schwarzen Stockrose (Althaea rosea) lassen sich Tees und kühle Getränke intensiv rot färben. Die Blüten der Wilden Malve (Malva silvestris) färben ebenfalls. Die Färbekraft beruht auf den in den Blüten enthaltenen Anthocyanen. Die Lebensmittelindustrie macht sich dies zum Beispiel beim Färben von Süßwaren zunutze. Den schönen roten Malventee aus dem Teebeutel kennt jeder. Für diesen Tee wird jedoch keine einheimische Malvenart verwendet, sondern die verwandte tropische Art Hibiscus sabdariffa mit dunkelroten Blüten.

Schlüsselblume

BLÜTEN UND BLÄTTER
FÜR WOHLSCHMECKENDE TEES

Es gibt unzählige Kräuter, aus denen man Tee zubereiten kann – als Alltagsgetränk und für Heilzwecke. Ich will an dieser Stelle diejenigen Kräuter vorstellen, aus denen man angenehm schmeckende Tees zubereiten kann, die auch gut tun, wenn man keine Krankheit kurieren will. Kinder und Teemuffel lassen sich so ans Kräuterteetrinken gewöhnen. Wer einmal auf den Geschmack gekommen ist, wird immer wieder Tee trinken – fürs eigene Wohlbefinden. Die wohlschmeckenden Kräuter findet man bei Spaziergängen draußen in der freien Natur oder im Garten. Einige der hier erwähnten Kräuter kann man auch in Apotheken, Reformhäusern und Bioläden kaufen.

Pflanze	Sammelort	Pflanzenteil	Sammelzeit	Verwendung
Ananassalbei (Salvia rutilans)	Kübelpflanze	Blüten Blätter	Oktober–November das ganze Jahr	für Tee, für Desserts, auch für Fleisch- und Fischgerichte
Feldthymian, Quendel (Thymus serpyllum)	trockene Wiesen	blühendes Kraut	Juli–Oktober	zum Würzen, für Tee
Fruchtsalbei (Salvia dorisiana)	Kübelpflanze	Blüten, Blätter	das ganze Jahr	für Tee, für Desserts, auch für Fleisch- und Fischgerichte
Schwarzer Holunder (Sambucus nigra)	überall verbreiteter Strauch	Blütenstände	Mai–Juni	für Tee, Sekt, Küchle, etc.
Honigmelonensalbei (Salvia elegans)	Kübelpflanze	Blüten Blätter	Oktober–November das ganze Jahr	für Tee, für Desserts, auch für Fleisch- und Fischgerichte
Huflattich (Tussilago farfara)	Wegränder, Ödland, Schotterflächen	Blüten Blätter	März–April Mai–Juni	für Tee
Königskerzen (Verbascum spec.)	Ödland, Bahndämme, Gärten	Blüten	Juli–September	für Tee
Kornblume (Centaurea cyanus)	Feldränder, Wildblumenwiesen	Blüten	Juni–Juli	für Tee
Linden (Tilia spec.)	Bäume im Ortsbereich und in der freien Natur	Blüten	Juni–Juli	für Tee, erfrischendes Sommergetränk
Monarde, Indianernessel, Goldmelisse, Rosenmelisse (verschiedene Monarda-Arten und Sorten)	Gartenbeete	Blüten und Blätter	Juni–September	für Tee, für Potpourris, Blüten zum Dekorieren
Minzen (verschiedene Mentha-Arten und Sorten)	je nach Art Garten oder freie Natur	Blatttriebe	Juni–Oktober	für Tee, Minzsauce

Ringelblume (Calendula officinalis)	Gartenbeete	Blüten	Mai–Oktober	Tee, Blütenblätter zum Verzieren, Salbe
Schlüsselblume (Primula veris)	trockene Wiesen	Blüten mit Kelch	März–April	für Tee, Desserts
Zitronenmelisse (Melissa officinalis)	Gartenbeete	Blätter, Blatttriebe	Mai–Oktober	für Tee, zum Dekorieren, für Desserts
Zitronenstrauch, Verveine (Lippia citriodora = Aloysia triphylla)	Kübelpflanze (wird im Haus überwintert)	Blätter	das ganze Jahr	Tee, für Desserts, für Potpourris
Zitronenthymian (Thymus citriodorus)	Gartenbeete	Blatttriebe	Juni–Oktober	Tee, zum Verzieren, für Desserts

Heilsames bei Erkältungen – Schlüsselblumen, Königskerzenblüten, Quendel, Holunderblüten und Lindenblüten

Die Natur birgt einen richtigen Schatz an heilkräftigen Pflanzen, die man bei Alltagsbeschwerden anwenden kann. Wer häufig erkältet ist, sollte immer getrocknete Holunderblüten und Lindenblüten im Haus haben. Der Tee aus den beiden Drogen bringt zum Schwitzen und hilft deshalb bei fiebrigen Erkältungskrankheiten. Man kann die Kräuter mischen, ergänzend eventuell noch Salbeiblätter oder Schlüsselblumenblüten mit hinzunehmen.
Gesammelt werden vom Holunder die Blütendolden. Man kann sie frisch oder getrocknet als Tee aufbrühen. Für den Wintervorrat

muss man die Blüten natürlich trocknen. Dabei ist es sinnvoll, das grüne „Gerippe" abzuschneiden, dann trocknen die Blüten besser. Bei der Linde erntet man die eigentlichen Blüten zusammen mit dem auffälligen Hochblatt. Die Blüten erscheinen in kleinen Büscheln; der beste Sammelzeitpunkt ist, wenn die ersten Blüten grade aufgeblüht sind. Von der Linde gibt es mehrere Arten – u. a. die Sommerlinde und die Winterlinde. Beide Arten sind heilkräftig; die Sommerlinde blüht etwa zwei Wochen vor der Winterlinde, diese wiederum erkennt man an ihrem typischen Duft. Lindenblütentee schmeckt übrigens sehr angenehm und löscht als Sommergetränk den Durst!

Einen ausgesprochen wohlschmeckenden Tee kann man aus Schlüsselblumenblüten (Primula veris) zubereiten. Man verwendet die Blütenstände mit den Kelchblättern. Im Teeaufguss geben Schlüsselblumenblüten eine gelbe Tasse; der Tee schmeckt von sich aus leicht honigartig süß. Von der Echten Schlüsselblume darf man in der freien Natur nur Handsträußchen sammeln; deshalb sollte es ein eher seltenes Vergnügen sein, aus selbst gesammelten Schlüsselblumen Tee zuzubereiten. Es sei denn, man kultiviert die Staude im Garten. Der beste Platz für sie ist im Rasen.

Ein Aufguss aus Schlüsselblumenblüten lindert – wie auch Feldthymian oder Quendel (Thymus serpyllum) – Beschwerden bei Erkältungen und Husten. Dieses Kräutchen findet man in der freien Natur auf ganz trockenen, mageren Wiesen,

Holunderblüten
Lindenblüten
Schlüsselblumen
Quendel (v. o.)

zum Beispiel auf Schafweiden, an Böschungen, dort wo Steine an die Oberfläche kommen. Das niedrige Kräutchen blüht im Hochsommer bis in den Herbst hinein. Es duftet und schmeckt kräftig aromatisch wegen seines hohen Gehalts an ätherischen Ölen.

Königskerzenblüten

Ein altes Hausmittel bei Husten und Erkältung sind auch Teeaufgüsse aus Königskerzenblüten (Verbascum spec.). Die Königskerze blüht im Hochsommer bis zum Herbst. An den langen, kerzenartigen Blü-tenständen erscheinen ständig neue Blüten, die nur einen Tag überdauern; die Blütenblätter fallen bald wieder ab. Man muss sich mit dem Sammeln also beeilen und jeden Morgen am späten Vormittag bei schönem Wetter die sich grade frisch öffnenden Blüten sammeln.

Gesammelt werden hauptsächlich die Blüten der Windblumen-Königskerze (Verbascum phlomoides) und der Großblütigen Königskerze (Verbascum densiflorum = Verbascum thapsiforme). Bei den anderen wild wachsenden Königskerzen-Arten lohnt sich das Sammeln der Blüten kaum. Das Trocknen muss schnell geschehen. Ganz wichtig ist es gerade bei den Königskerzenblüten, dass sie trocken abgepackt lagern. Werden sie in einer feuchten Umgebung gelagert, ziehen sie die Feuchtigkeit an und fangen an zu schimmeln.

Die Heilwirkung der Königskerzenblüten bei Husten und Erkältung beruht auf ihrem Schleimstoff- und Saponingehalt. Daneben enthalten sie Zucker, Flavonoide und Iridoide. Die Schleimstoffe mildern den Hustenreiz und die Saponine erleichtern das Abhusten. In vielen Hustenteemischungen ist die Blütendroge enthalten.

Erfrischendes für heiße Sommertage

An heißen Sommertagen lechzt man nach erfrischenden Getränken. Das muss keineswegs Fruchtsaft oder Zitronensprudel sein. Viel besser sind Tees aus zitronig oder fruchtig schmeckenden Kräutern. Die kann man, wie üblich, heiß trinken. Im Sommer schmecken sie auch abgekühlt, mit Eiswürfeln und ein paar Spritzern Zitronensaft serviert. Teekräuter mit Zitronengeschmack gibt es einige: Zitronenmelisse, Zitronenthymian, ja sogar Zitronen-Johanniskraut. Das Allerbeste aber ist der Zitronenstrauch oder Verveine (Lippia citriodora = Aloysia triphylla, s. Foto vom Teeaufguss Seite 23). Ursprünglich stammt die Pflanze aus Südamerika. Der Teeaufguss aus den Blättern und Trieben soll gut sein für den Magen und gegen Depressionen helfen. Botanisch gehört der kleine Halbstrauch zu den Eisenkrautgewächsen. Er ist bei uns nicht winterhart und wird deshalb meist im Topf kultiviert. Man kann ihn im Sommer auch im Garten auspflanzen, dann treibt er üppig neues Blattwerk. Im Herbst muss man ihn wieder hereinholen und an einem kühlen, hellen Ort überwintern. Geerntet werden die beblätterten Ästchen. Die Blätter trocknen sehr schnell und können frisch oder getrocknet verwendet werden.

Zitronenmelisse
Zitronenthymian
Zitronen-Johanniskraut
(v. l.)

Die anderen Kräuter mit Zitronenaroma sind ausdauernde Pflanzen, die auf dem Gartenbeet überwintern. Am besten ist es, wenn man ganze Blatttriebe abrupft. Die fruchtigen Thymianarten mit Zitronen- oder Orangenaroma sind in unserem Klima etwas heikel, sie brauchen zum sicheren Überwintern ein eher mildes Klima.

Fruchtsalbei
Ananassalbei
(v. l.)

Fruchtige Salbeiarten

Noch ist er ein Geheimtipp: der Honigmelonensalbei und seine Verwandten. Man muss die Pflanzen selber kultivieren, denn im Handel ist das Blattwerk so gut wie gar nicht erhältlich. Vom September bis in die Weihnachtszeit hinein schmückt er sich mit ungewöhnlichen roten Blüten. Die wüchsige Pflanze ist nicht winterhart. Im Sommer steht sie als Topfpflanze draußen. Doch bevor es richtig kalt wird, kommt sie wieder ins Haus. Sie wächst buschig und muss durch Zurückschneiden immer wieder in Form gebracht werden. Dabei bietet es sich an, neu aus Stecklingen zu vermehren. Den Namen Honigmelonensalbei (Salvia elegans) trägt das Gewächs zu Recht: Die Blätter duften und schmecken tatsächlich nach Honigmelone. Von dieser Salbeiart sind einige Sorten mit spezieller Geschmacksrichtung im Handel, zum Beispiel die Sorte ‚Scarlet Tangerine' mit Mandarinengeschmack bzw. mit Zitrusgeschmack.

Es gibt noch ein paar andere „fruchtige" Salbeiarten, zum Beispiel den Ananassalbei (Salvia rutilans), der noch größer wird als der Honigmelonensalbei und im Oktober/November karminrote Blüten hervorbringt. Oder der rosa blühende Fruchtsalbei (Salvia dorisiana) oder Guavensalbei (Salvia darcyi) mit rosa Blüten und harzigen Blättern. Mit den fruchtig-aromatischen Blättern und Blüten kann man Süßes würzen und dekorieren oder Tee daraus zubereiten. Diese Salbeiarten sind mit dem bekannten Garten-Salbei verwandt (man erkennt die Verwandtschaft leicht an der Blüte) – sie bringen jedoch ganz andere Duft- und Geschmacksnoten mit.

Minziges

Pfefferminztee ist einer der beliebtesten Tees hierzulande. Kein Wunder bei dem angenehm erfrischenden Geschmack, den das Kraut auf der Zunge hinterlässt. Des Pfefferminzteetrinkens wird man nie überdrüssig, vor allem dann nicht, wenn man sich verschiedener Minzen im Garten bedienen kann. Die Pfefferminze ist

jedoch nur eine der vielen Minzen, die im Garten und in der freien Natur wachsen. Die beste Minze für Tee ist die Mitchams-Minze (Mentha x piperita ‚Mitcham'), eine englische Sorte. Es ist wahrscheinlich die Minze, die am häufigsten in Hausgärten kultiviert wird. Sie gehört in die Pfefferminzverwandtschaft. Man erkennt sie leicht an dem roten Stängel und an den rot-violett angehauchten Blättern. Ebenfalls recht verbreitet ist die Krause Minze oder Spearmint, die tatsächlich wie Kaugummi riecht und schmeckt. In den Gärten auf dem Land wird oft die Apfelminze (Mentha rotundifolia) kultiviert. Sie hat große runde, behaarte Blätter und breitet sich stark aus. Ihr Geschmack ist viel milder als der der Pfefferminze. Die Kräuterzüchter halten noch andere Züchtungen bereit: zum Beispiel die milde Orangenminze, eine Limonenminze oder eine Kölnisch-Wasser-Minze, die tatsächlich so riechen wie sie heißen. Und sogar eine Ingwer-Minze bieten Kräutergärtnereien an.

Doch nicht nur für Tee, auch zum Würzen und Kochen eignen sich Minzen. Die Engländer reichen Mint-Sauce zu Roastbeef oder Lammbraten oder Mint-Sorbet als Dessert.
Minze für Tee erntet man kurz vor der Blüte und verwendet sie frisch oder getrocknet. (Mein Tipp: Zum Trocknen die Blätter jeweils vom Stängel abstreifen, dann trocknen sie viel besser als im Ganzen.) Das getrocknete Kraut kühl und dunkel aufbewahren.

◆ Minzen in der Heilkunde: Die Pfefferminze gilt im Teeaufguss als zuverlässiges Mittel bei leichten Magen-Darmbeschwerden, bei Durchfall und Blähungen. Und sie regt den Gallenfluss an. Äußerlich angewandt hilft das ätherische Öl bei Kopfschmerzen und Neuralgien. Die Engländer schätzen die Pfefferminze als Hausmittel bei Erkältungen. Wertvoll ist sie auch deshalb, weil sie andere Teekräuter aufwertet: Brennnessel-, Schafgarben- oder Goldrutentee schmecken viel besser, wenn ein paar Blätter Minze im Aufguss schwimmen.
Doch etwas Vorsicht ist auch bei der so hoch gelobten Pfefferminze geboten. Kräuterkundige raten, den Tee nicht über einen längeren Zeitraum zu trinken, weil er sonst den Magen reizen kann. Bei Teemischungen braucht man deswegen jedoch keine Bedenken haben. Nicht alle Menschen vertragen die Pfefferminze. Wer Magengeschwüre hat, muss auf sie verzichten. Für Säuglinge und Kleinkinder ist Pfefferminztee wegen seines hohen Mentholgehalts nichts. Sie dürfen aber Tee aus der milden Orangenminze bekommen, die wenig Menthol enthält.

Kleine Minzensammlung für den Hausgarten

Minzenarten	Botanischer Name	Geschmack
Ananasminze, weißbunt	Mentha suaveolens ‚Variegata'	fruchtig-frisch
Apfelminze	Mentha rotundifolia ‚Bowles'	mild
Marokkanische Minze	M. spicata var. crispa	süß, kühlend
Spearmint	Mentha spicata	nach Kaugummi
Kentucky Spearmint	M. x cordifolia	fruchtig-mild
Japanische Minze	M. arvensis var. piperascens	sehr mentholreich, Grundstoff für Pharmazeutika, z. B. Japanisches Heilpflanzenöl
Pfefferminze	M. piperita ‚Pfälzer'	feines Aroma
Mitcham-Minze	M. piperita ‚Mitcham'	kräftig, erfrischend, typisch nach Pfefferminze
Multimentha-Minze	M. piperita ‚Multimentha'	intensives Aroma
Orangenminze (auch Limonen-, Bergamotte-, Kölnisch-Wasser-Minze)	M. x piperita var. citrata	fruchtig-mild, enthält wenig Menthol, gut für Kindertee

Minzenverwandtschaft aus der neuen Welt

Aus Nordamerika kommen einige interessante Kräuterstauden, die hierzulande noch kaum bekannt sind – weder als Gartenpflanzen noch als Teekräuter. Die Indianernessel (Monarda) hat einen eigenartigen Blütenaufbau. Ihre Lippenblüten stehen quirlförmig wie ein

Haarkranz um den Blütenkopf. Die Züchter haben aus der Wildart die prächtig blühenden Gartenhybriden entwikkelt. Alle Kräuterfans sollten sie im Garten kultivieren, um die aromatisch duftenden Blätter direkt für Tee oder für Potpourris ernten zu können. Und eine wohltuende Wirkung auf den Körper haben die Monarden auch: Sie helfen wie die Zitronenmelisse beim Entspannen.

Die Agastache kommt ebenfalls aus Nordamerika zu uns. Sie hat noch kaum Eingang in die Kräutergärten gefunden. Dabei hätte sie es wegen ihrer schönen, aufrechten Gestalt verdient. Blätter und Blüten duften, je nach Art und Sorte in den verschiedensten Nuancen minzig, zitronig oder wie Anis – vergleichbar den Geschmacksrichtungen der Minzen. In den Genuss dieser Aromen kommt man auch beim Teetrinken. Vielfalt auch bei den Blütenfarben, die je nach Art und Sorte rosa, violett, magentarot, feuerrot, champagnerfarben, aprikosenfarben oder weiß sein kann. Dieses Kräutchen will erst noch entdeckt werden. Kreative Köche nehmen es je nach Sorte für Tee, für Süßspeisen, aber auch für Salate und pikante Gerichte.

Indianernessel

Agastache (v. o.)

Gesundes

Nicht alle Kräuter eignen sich für den Alltagsgebrauch. Einige sind richtige Medizin, die man dann nimmt, wenn man sie braucht.

Bitter, kräftig-würzig oder herb-aromatisch sind die Geschmacksrichtungen. Die aromatische Kamille (Matricaria recutita) heilt bei Entzündungen aller Art – innerlich bei Magenbeschwerden oder äußerlich bei Problemen mit der Haut oder bei Erkältungen. Die Wegwarte (Cichoryium intybus) geht mehr in die bittere Richtung. Ihre Domäne sind das Kurieren von leichten Leber-/Galle-Beschwerden. Noch viel bitterer schmeckt das Tausendgüldenkraut, das den Appetit anregt und den Magen kräftigt. Die Goldrute (Solidago virgaurea und Solidago canadensis) spricht dagegen den Nieren-/Blasen-Bereich an und ist in vielen Teemischungen enthalten. Eibisch (Althaea officinalis) ist wieder bei anderen Beschwerden angezeigt: Die Schleimdroge wirkt bei Husten und Erkältungskrankheiten. Dost (Origanum vulgare) ist ein mildes Mittel, einerseits ein aromatisches Kraut zum Kochen, andererseits ein Teekraut, das sich gut mit anderen Kräutern mischen lässt. Echtes Johanniskraut (Hypericum perforatum) hat sich zu einer viel gebrauchten „Droge" bei leichten bis mittleren Depressionen gemausert und wird auch zum Beruhigen eingesetzt. Eine beruhigende Wirkung haben auch die Hopfenzapfen (Humulus lupulus), entweder als Teeaufguss, als Badezusatz oder in flüssiger Form als Bier.
Diese Auflistung erhebt natürlich keinen Anspruch auf Vollständigkeit. Es ist nur eine kleine Auswahl an bei uns wachsenden Kräutern mit ausgeprägter Heilwirkung. Üblicherweise werden sie als Teeaufguss zubereitet und bei dauerhaften Beschwerden längere Zeit über den Tag verteilt getrunken. Die Goldrute oder das Johanniskraut sind Drogen, die erst bei längerfristiger Einnahme ihre Wirkung entfalten. Manche wie die Kamille helfen bei akuten Beschwerden rasch.

Kamille

Wegwarte

Goldrute

Eibisch

Dost

Johanniskraut

SÜSSES AUS BLÜTEN

Sirup, Gelee und Süppchen aus der Schatztruhe der Natur

Die süßen Zubereitungen aus den Blüten eignen sich hervorragend als Brotaufstrich, da sie eine ähnliche Konsistenz wie Honig haben. Man kann sie auch zu Eis, zum Verzieren von Desserts, zu trockenen Kuchen oder zum Dekorieren verwenden. Und eine wohl schmeckende Medizin, teelöffelweise bei Erkältungskrankheiten genommen, sind sie noch dazu. Uneingeschränkt empfehlen möchte ich die Süßigkeiten jedoch nicht. Sie können den Zähnen schaden und sind oft richtige „Plombenzieher". Also bitte sparsam mit dem Sirup umgehen und immer an die Zähne denken!

Pflanze	Pflanzenteil	Sammelzeit
Fichte	junge Triebspitzen	April – Mai
Huflattich	Blüten	Februar – März
Löwenzahn	Blüten	April – Mai, Herbst
Rose	Blütenblätter	Juni – September
Spitzwegerich	Blätter	Frühjahr, Sommer, vor der Blüte
Tanne	junge Triebspitzen	April – Mai
Veilchen, Duftveilchen	Blüten	März – April

LÖWENZAHNBLÜTENSIRUP

Im Frühjahr blüht der Löwenzahn am üppigsten. Für den Sirup erntet man die Blütenköpfe, je nach der Menge, die man herstellen möchte.

- Zutaten:

150 g Löwenzahnblüten
$^1/_2$ l Wasser
375 g Zucker
Saft einer halben Zitrone

- Zubereitung: Löwenzahnblüten mit kochendem Wasser überbrühen. Den Sud einige Stunden zugedeckt ziehen lassen. Den Löwenzahnsud abgießen, erneut aufkochen und wieder über die Löwenzahnblüten gießen, einige Stunden ziehen lassen. Diesen Vorgang noch zwei Mal wiederholen. Dann den Löwenzahnsud mit Zucker und Zitronensaft aufkochen und bei milder Hitze weiterköcheln lassen, bis eine sirupartige Konsistenz entsteht.

FICHTENSPITZEN- oder TANNENSPITZENSIRUP

Im Frühjahr im April–Mai schieben die Nadelgehölze frische Triebe. Im Volksmund heißen diese Triebspitzen auch „Lymphe". Man erkennt sie leicht an ihrer hellgrünen Farbe. Diese Fichtenspitzen ergeben einen leicht harzig schmeckenden Sirup. Am besten die Triebspitzen von Nadelgehölzen im eigenen Garten oder Waldgrundstück nehmen. Im Wald sollten Sie nur nach Absprache mit dem Förster oder mit den Waldbesitzern pflücken, denn das Abpflücken nimmt den Gehölzen die Möglichkeit zum Zuwuchs, schadet dem Wachstum der Bäume, und das sehen die Waldbesitzer verständlicherweise nicht gerne.

◆ Zutaten:
150 g Fichten- oder Tannenspitzen
1/2 l Wasser
375 g Zucker

◆ Zubereitung: Ein kleines Körbchen voll frisch gepflückte Fichten- oder Tannenspitzen in einem Topf mit kochend heißem Wasser übergießen und über Nacht ausziehen. Am nächsten Tag das Ganze bis zum Siedepunkt erwärmen und durch ein Sieb abfiltrieren. (Die Fichtenspitzen verlieren bei der Prozedur Farbe und Aroma und riechen nur noch seifig. Sie kommen auf den Kompost.) Anschließend die Flüssigkeit zu gleichen Teilen 1:1 mit Honig oder Zucker versetzen. Die flüssige Masse bei niedriger Temperatur in einem emaillierten Topf köcheln lassen (mindestens eine Stunde lang), bis eine sirupartige Konsistenz erreicht ist. In den noch warmen Sirup ätherisches Fichtennadelöl (10 Tropfen auf 1 Liter Sirup) einträufeln und verrühren. Den Sirup in sehr heiß ausgespülte Flaschen abfüllen.

Dieser Fichtennadelsirup ist ein sehr wohl schmeckender Brotaufstrich mit heilender Wirkung bei Husten und Erkältungen. Er wirkt entzündungshemmend, schleimlösend, auswurffördernd, belebend und antimikrobiell. Als Heilmittel nimmt man mehrere Teelöffel über den Tag verteilt ein.

HUSTENBONBONS MIT SPITZWEGERICH, HUFLATTICH UND KÖNIGSKERZENBLÜTEN

◆ Zutaten:
20 g getrocknete Spitzwegerichblätter
20 g getrocknete Huflattichblätter
20 g getrocknete Königskerzenblüten
250 g Zucker
1 EL Traubenzucker
einige Tropfen Pfefferminzöl

◆ Zubereitung: Die Teekräuter mischen, 2 gehäufte Esslöffel davon in einer Tasse mit kochendem Wasser übergießen und zugedeckt 15 Minuten ziehen lassen. Zucker und Traubenzucker in einen Topf geben. Einen Teil des fertigen Teeaufgusses dazumischen und solange rühren, bis sich die Zuckerkristalle aufgelöst haben. Den restlich Tee zugießen. Die Zucker-Kräuterteemasse unter ständigem Rühren zum Kochen bringen und nach dem Aufkochen drei Minuten köcheln lassen. Den Topf von der Kochstelle nehmen und kurz in kaltes Wasser stellen. Nachdem die Masse etwas abgekühlt ist, 2 Tropfen Pfefferminzöl daruntermischen. Die dickliche, sirupartige Masse auf ein eingefettetes Backblech streichen, erstarren lassen und nach dem Erkalten den verfestigten Sirup in kleine Stücke schneiden oder brechen.

SPITZWEGERICHSIRUP BEI HUSTEN

Spitzwegerich wächst in größeren Beständen auf der Wiese, oft auch im Garten. Die Blätter erntet man vor der Blüte entweder für Teeaufgüsse oder für andere Zubereitungen wie den Sirup.

- Zutaten:
Spitzwegerichblätter
Zucker oder Honig
nach Bedarf

- Zubereitung: Für Spitzwegerichsirup in grob geschnittene Stücke geschnittene Blätter 2 Zentimeter hoch in ein Glas füllen, mit Zucker oder Honig überdecken. Über Nacht fallen die Pflanzenteile zusammen. Die Prozedur mehrmals wiederholen, also immer wieder Spitzwegerichblätter mit einer Lage Zucker oder Honig überdecken, bis das Glas gefüllt ist. Ein bis zwei Monate lang an einem Ort mit gleich bleibender Wärme aufbewahren. Danach abpressen, den Sirup kurz aufkochen und in kleine Flaschen oder Schraubgläser abfüllen.

VEILCHENBLÜTENSIRUP BEI HUSTEN UND ERKÄLTUNGEN

- Zutaten:
150 g Duftveilchenblüten
1/2 l Wasser
375 g Zucker
Saft einer halben Zitrone

- Zubereitung: Veilchenblüten mit kochendem Wasser überbrühen. Den Sud einige Stunden zugedeckt ziehen lassen. Den Duftveilchensud abgießen, erneut aufkochen und wieder über die Veilchenblüten gießen, einige Stunden ziehen lassen.

Diesen Vorgang noch zwei Mal wiederholen. Dann den Veilchensud mit Zucker und Zitronensaft aufkochen und bei milder Hitze weiterköcheln lassen, bis eine sirupartige Konsistenz entsteht.

HOLUNDERBLÜTENGELEE

◆ Zutaten:
25 Holunderblüten
1 l Wasser
1 kg Gelierzucker 1:1
Saft einer halben Zitrone

◆ Zubereitung: Die Holunderblüten von den Stielen entfernen und mit Wasser und Zucker aufkochen. Einen Großteil der Blüten wieder herausnehmen. Einige zur Zierde im Gelee lassen. Zitronensaft hinzufügen und noch heiß in Gläser füllen.

ROSENBLÜTENGELEE

◆ Zutaten:
Blüten von etwa
15 duftenden Rosen
1/2 l Roséwein
1/2 l Wasser
1 kg Gelierzucker 1:1
evtl. etwas Rosenwasser
und/oder 1 Tropfen
ätherisches Rosenöl

◆ Zubereitung: Die abgezupften Rosenblütenblätter im Wein erhitzen und etwa eine halbe Stunde zugedeckt ziehen lassen. Den flüssigen Rosensud abgießen, Wasser und Gelierzucker beifügen und noch einmal aufkochen. Das Gelee nimmt eine wunderbar hellrubinrot schimmernde Farbe an. In das abgekühlte Gelee Rosenwasser oder ätherisches Rosenöl einrühren. Die Geliermasse in Twist-Off-Gläser füllen. Es sieht hübsch aus, wenn man beim Servieren ein paar getrocknete Rosenblütenblätter obenauf legt.

WALDMEISTERSÜPPCHEN MIT MYRRHENKERBEL ALS DESSERT

◆ Zutaten (für 4 Port.):
1 Büschel Waldmeister
1/2 l lieblicher Weißwein
Obst nach Saison
Bindemittel Bindino
oder Agar-Agar

◆ Zubereitung: Ein kleines Bündel Waldmeister kopfüber in ca. 1/2 Liter süßlichen Weißwein hängen und 2 bis 4 Stunden ziehen lassen. Diesen Bowlenansatz eventuell erwärmen, so dass der Alkohol entweicht (je nachdem, für wen das Dessert gedacht ist). Man kann den Bowlenansatz auch mit Fruchtsaft oder mit Wasser strecken. Beim Erwärmen eventuell in kleine Stücke geschnittenes Obst, zum Beispiel Orangen oder Ananas, zugeben. So viel Bindemittel einstreuen, dass die Konsistenz einer Fruchtsuppe entsteht. Die Fruchtsuppe in Portionsschälchen füllen und abkühlen lassen. Mit Blättchen von Myrrhenkerbel (Süßdolde) und/oder Fruchtstückchen garnieren.

Kandiertes

Das Duftige, Leichte der Blüten lässt sich beim Kandieren einfangen. Die filigranen Gebilde schmücken feine Torten oder Desserts.

Es sind kleine Besonderheiten, die beim Herstellen Fingerspitzengefühl und Geduld erfordern.

Pflanzen zum Kandieren	Pflanzenteil	Sammelzeit
Boretsch (Borago officinalis)	Blüten	Mai – Oktober
Duftveilchen (Viola odorata)	Blüten	März – April
Nelken (Dianthus spec.)	Blüten	Mai – September
Phlox (Phlox paniculata)	Blüten	Juli – August
kleinblütige Rosen, z. B. der Sorte ‚Fairy'	Blüten	Juni – September
Duftgeranien = Duftpelargonien (Pelargonium spec.)	Blätter	das ganze Jahr über

KANDIEREN – GEWUSST WIE

Schön geformte, trockene Blüten sorgfältig einsammeln. Nicht zu viele Blüten sammeln und darauf achten, dass sie nicht gequetscht werden.

- Benötigte Zutaten:

Eiweiß von einem Ei
Puderzucker
Backpapier
Backpinsel

- Zubereitung: Das Eiweiß mit einer langzinkigen Gabel kurz aufschlagen. Mit Hilfe des Backpinsels das Eiweiß auf die Blüten auftragen. Die Schwierigkeit besteht darin, die Blüten mit den Fingern festzuhalten. Die mit Eiweiß getränkten Blütenblätter neigen außerdem dazu zusammenzuklappen. Am besten gelingt das Bepinseln und Bestäuben mit Phloxblüten (siehe Seite 48). Mit etwas Fingerfertigkeit und mit Hilfe von Zahnstochern kommt man damit jedoch zurecht. Anschließend die Blüten mit Puderzucker einstäu-

ben, am besten mit Hilfe eines Teesiebes. Die vollkommen eingestäubten Blüten auf ein mit Puderzucker bestäubtes Backpapier legen und zum Trocknen aufstellen. Am besten in einem warmen, dunklen Zimmer trocknen oder in die Restwärme des Backofens schieben. Die Trockentemperatur darf nicht zu hoch sein. Die getrockneten Blüten dunkel aufbewahren, sonst verlieren sie ihre Farbe.

Gefrorenes – Eis, Parfait und Sorbet

Eingefroren halten sich die Blüten hervorragend. Am besten legt man Blüte für Blüte einzeln in den Eiswürfelbehälter. Es passen natürlich nur kleine Blüten in die Eiswürfelfächer, zum Beispiel vom Boretsch oder von der Taubnessel. Die Blüten-Eiswürfel stehen immer zum Kühlen von sommerlichen Drinks bereit. Und hübsch aussehen tun sie dazu.

Blütenblättereis kann man relativ leicht selbst herstellen. Man darf allerdings nicht erwarten, dass es dieselbe Konsistenz hat wie gekauftes Speiseeis. Vom Geschmack her übertrifft das Blüteneis natürlich bei weitem die künstlichen Produkte. Der köstliche Geschmack des Rosenblüten-Eises hat mich bei meinen Eis-Experimenten sehr überrascht. Es schmeckt tatsächlich so wie die Blüten duften!

Für Gefrorenes sollte man intensiv duftende, ins Süßliche gehende Blüten nehmen, auch spritziges Zitrusaroma macht sich in Gefrorenem gut. Die Zutaten für ein Eis sind immer Sahne, Milch, Zucker und Eigelb. Für Sorbets braucht man als Grundzutaten Zucker, Eiweiß und Zitrone. Sparsame Kochkünstler bereiten sowohl Eis als auch Sorbet zu, um die Eier vollständig aufbrauchen zu können.

Geeignete Blüten und Blätter	Sammelzeit
Lavendelblüten	Juli – August
Rosenblüten	Juni – September
Schlüsselblumenblüten	März – April
Taubnesselblüten	Mai – September
Zitronenmelisseblätter	Mai – Oktober
Zitronenthymian	Juni – August

SCHLÜSSELBLUMENSORBET

- Zutaten (für 4 Port.):
50 g Zucker
400 ml Wasser
ca. 50 ml Weißwein
2 Zitronen
ca. 20 Schlüsselblumenblüten mit Kelch

- Zubereitung: Zucker in Wasser und Wein auflösen und aufkochen, ca. 5 Minuten weiter köcheln lassen, dabei Zitronenschale zugeben. Dann den Topf in kaltes Wasser tauchen und abschrecken, die Blüten in die noch heiße Zuckerlösung geben. Vollends abkühlen lassen. Die Flüssigkeit abgießen, mit Zitronensaft nach Geschmack vermischen und ins Gefrierfach stellen. Die Masse während des Gefrierens mehrfach durchrühren, so dass eine sorbetartige Konsistenz entsteht.

TAUBNESSELBLÜTENEIS

- Zutaten (für 4 Port.):
50 g Zucker
1/2 l Milch
50 g Taubnesselblüten
1 Stängel Pfefferminze
3 Stängel Zitronenmelisse
4 Eigelb

- Zubereitung: Zucker in die Milch geben, darin die Blüten und Blätter aufkochen, etwa zehn Minuten lang ziehen lassen und die Flüssigkeit abgießen. Die Blattmasse im Mixer zerkleinern, wieder zur Milch geben und aufkochen. In die abgekühlte Masse die Eigelbe unterziehen, noch ein wenig ziehen und dann weiter abkühlen lassen.

ROSENBLÜTENBLÄTTEREIS

- Zutaten (für 4 Port.):
Blütenblätter von
4–6 Duftrosen
200 ml Milch
200 ml Sahne
4 Eigelb
30–50 g Zucker
(je nach Geschmack)

- Zubereitung: Die Rosenblütenblätter in der Milch erwärmen, aber nicht kochen. Die Eigelb mit dem Zucker cremig schlagen (Handrührgerät). Die Rosenmilch zu der Eimasse geben und unter ständigem Rühren im Wasserbad vorsichtig erwärmen (es geht auch auf der Kochplatte), aber nicht kochen. Abkühlen lassen. Sahne steif schlagen und unter die Milch-Ei-Masse ziehen. Ins Gefrierfach stellen. Während des Gefrierens ab und zu aufschlagen.

Bowlen und erfrischende Getränke

WALDMEISTERBOWLE

- Zutaten:
1 Flasche Weißwein
(trocken oder lieblich)
1 Flasche Mineralwasser
mit Kohlensäure
1 Büschel Waldmeister
kurz vor dem Aufblühen
oder bei beginnender

- Zubereitung: Ca. 1/2 Liter Weißwein in Bowlengefäß füllen. Den Waldmeister hineinhängen, möglichst so, dass die dicken Stängel nicht in den Wein gelangen. Ein paar Stunden ziehen lassen. Der Ansatz beginnt intensiv nach Waldmeister zu riechen. Geruch und Geschmack sind wirklich über-

Blüte: „Maikraut"
etwas Zitronensaft

wältigend! Waldmeister herausnehmen. Mit Weißwein und Mineralwasser oder mit Sekt, je nachdem wie viel Alkohol gewünscht ist, auffüllen.

Vorsicht! Sehr süffig! Die Bowle schmeckt auch mit wenig Alkohol hervorragend.

ROSENBLÜTENBOWLE

◆ Zutaten:
Duftrosen
1 Flasche Weißwein, eher lieblich
1 Flasche Sekt (ersatzweise kohlensäurehaltiges Mineralwasser)
Zucker nach Geschmack

◆ Zubereitung: Die abgezupften Rosenblütenblätter mit leicht angewärmtem Wein übergießen und zugedeckt 2 – 3 Stunden ziehen lassen. Vor dem Servieren den restlichen stark gekühlten Wein und den Sekt zugeben. Die Rosenblütenblätter in Gelb oder in Rosa dürfen in der Bowle schwimmen!

ERFRISCHENDES LINDENBLÜTENGETRÄNK

Rezept vom „Dobel" aus Tennenbronn

◆ Zutaten:
10 l Wasser,
1 kg Zucker
2 Zitronen, in Stücke geschnitten
1 Tasse Weinessig
3 Tassen frischer Lindenblüten

◆ Zubereitung: Alles zusammen in einen Glaskolben oder in einen großen Steinguttopf füllen und an die Sonne stellen. Täglich schütteln. Nach etwa 10 Tagen abseihen, in Sektflaschen füllen und verkorken oder mit Gummikappen verschließen. Noch 3 Tage stehen lassen.

HOLUNDERSEKT

• Zutaten:
16 Holunderblüten
8 bis 10 Liter Wasser
1 kg Zucker
$^1/_8$ l Weinessig
1 Zitrone, in Scheiben
50 g Zitronensäure

• Zubereitung: Alle Zutaten zusammen in einen großen Topf oder Eimer (kein Plastik!) geben. Den Ansatz 3 bis 4 Tage an einem kühlen Ort (Keller, Kühlschrank) stellen und gären lassen. Täglich umrühren. In Sektflaschen abfüllen und mit Korken verschließen. Den Korken mit Drahtgeflecht befestigen. Nach ca. 14 Tagen ist der Sekt fertig.

HOLUNDERBLÜTENSIRUP

• Zutaten:
3 kg Zucker
3 l Wasser
100 g Zitronensäure
50 Holunderblüten

• Zubereitung: Wasser und Zucker zusammen aufkochen und danach kalt stellen. Die Zitronensäure dazugeben. 50 Holunderblütendolden in den Sud legen und 48 Stunden ziehen lassen. Durch ein Tuch abseihen und in Flaschen abfüllen. Nicht mehr erhitzen.

MALVENDRINK

• Zutaten für 1 Glas:
1 EL „Malven"tee
oder Teebeutel
Wasser
etwas Zitronensaft
1cl Gin, Rohrzucker
reichlich Blüteneiswürfel

• Zubereitung: Malven- oder Hibiscusblüten (getrocknet) mit kochendem Wasser überbrühen, 10 Minuten ziehen lassen, Blüten oder Teebeutel herausnehmen. Kühl stellen. Mit den übrigen Zutaten verrühren, Blüteneiswürfel dazugeben.

KONSERVIERTES
IN ALKOHOL, ESSIG UND ÖL

Blüten und Blätter in Alkohol – Wein, Schnaps und dergleichen

Pflanze	Sammelort	Pflanzenteile	Sammelzeit	Ansatz
Beifuß (Artemisia vulgaris)	Wildkraut, auf Ödland	Blüten und Blätter	Juli – August	in Schnaps oder anderem Hochprozentigen
Blutwurzel (Potentilla erecta)	Heideflächen, auf saurem Boden	Wurzel	im Winter ausgraben	in Schnaps oder Weingeist
Eberraute (Artemisia abrotanum)	Garten	beblätterte Stängel	Juni – Oktober	in Schnaps oder Weingeist
Ginkgo (Ginkgo biloba)	Park, große Hausgärten	Blätter	Juni – September	in Weingeist
Purpurrudbeckie (Echinacea purpurea)	Garten	Wurzeln		in Weingeist
Salbei (Salvia officinalis)	Garten	Blätter		in Weißwein oder Schnaps
Schafgarbe (Achillea millefolium)	Wiese	Blütenstände	Juli – Oktober	in Weißwein
Weinraute (Ruta graveolens)	Garten	Blätter		in Schnaps oder Weingeist
Wermut (Artemisia absinthium)	Garten	Blätter oder blühende Triebspitzen		in Schnaps oder Weingeist für Desserts

Pupurrudbeckie
Weinraute
Gingko
Wermut (v. l.)

Das Einlegen in Schnaps ist eine weit verbreitete Methode, Kräuter zu konservieren. Auf diese Weise lassen sich Beifuß, Wermut, Salbeiblätter und andere appetitanregenden und verdauungsfördernden Alkoholika aufbereiten. Je nach Pflanze werden Wurzeln, Blätter oder Blüten in Hochprozentigem angesetzt. Blutwurzelschnaps gilt als bewährtes Hausmittel bei Magenbeschwerden. Bei Männern ist er sehr begehrt. Die alkoholische Kräutermedizin soll selbstverständlich nicht zum Alltagsgetränk werden. Man nimmt vor oder nach dem Essen ein Likörglas.
Wenn man die hochprozentigen Ansätze mit Zucker vermischt entsteht Likör. Ein sehr guter Kräuterwein gelingt mit Schafgarbenblüten.

SCHAFGARBENWEIN

Etwa 100 g frische Blütenstände in ein weites Glasgefäß geben und mit 1 Liter Wein übergießen. Das Glas ca. 1 Woche lang an die Sonne stellen. Danach abfiltrieren, mit Zucker oder Honig süßen und likörglasweise bei Erkältungen und Verdauungsbeschwerden täglich einnehmen.

GRUNDREZEPT ZUM ANSETZEN MIT SCHNAPS

Klein geschnittene Blätter in ein weites Glasgefäß füllen, Obstler (40- bis 50-prozentiger Schnaps) darübergießen, so dass die Blätter ganz bedeckt sind.

3 bis 4 Wochen lang an einer warmen, sonnigen Stelle stehen lassen, den Ansatz abfiltrieren und in eine saubere Glasflasche mit Schraubverschluss oder mit Korken füllen. Wer mag, kann Zucker oder Honig hinzufügen und unter häufigem Schütteln auflösen. Dann ist es ein Likör.

Von dem Kräuterschnaps ein- bis zweimal täglich einen Esslöffel als Medizin nehmen.

BLUTWURZELLIKÖR

50 g Blutwurzel in 1/2 l Weingeist legen. 4 bis 6 Wochen stehen lassen, abschütten. Diesen Ansatz mit Zuckerwasser verdünnen. Dafür nimmt man 1 kg Zucker und löst ihn in 3/4 l Wasser auf. (Wenn man die Blutwurzel in Schnaps ansetzt, der weniger Alkohol enthält, nimmt man nur etwa die halbe Menge Wasser.)

Blutwurz

In Essig Eingelegtes

Pflanze	Sammelort	Pflanzenteile	Verwendung
Boretsch	Garten	Blüten	für Kräuteressig
Estragon	Garten	Blatttriebe	für Kräuteressig
Gänseblümchen	Wiese, Rasen	Blüten	zum Bestreuen von Salaten
Himbeere	Waldschläge, Garten	Früchte	für Würzessig
Kapuzinerkresse	Garten	Blätter, Blüten, Knospen, Samen	Gewürz, zum Bestreuen von Salaten
Knoblauch, Weinberg-Lauch	Garten, Weinberge	Brutzwiebeln	für Würzessig, für Gemüsegerichte
Löwenzahnblüten	Wiese, Rasen	Knospen	zum Bestreuen von Salaten
Zitronenmelisse	Garten	Blätter oder Blatttriebe	für Kräuteressig

Einige Kräuter wie der Estragon oder die Zitronenmelisse gelten als Kräuteressig-Klassiker. Genauso gut lassen sich andere grüne und wohl schmeckende Kräuter in Essig ansetzen, zum Beispiel Bärlauch oder Knoblauch-Rauke mit ihrem Knoblauch-Aroma. Das richtige Knoblaucharoma liefern die Zehen oder Brutzwiebeln des Knoblauchs und des Weinberg-Lauchs. Die blauen Blüten des Boretsch geben dem Essig eine bläuliche Färbung. Besonders farbschön und würzkräftig ist Himbeeressig.

GRUNDREZEPT KRÄUTERESSIG

Man kann nur eine Kräuterart verwenden oder eine Mischung von Küchenkräutern, je nachdem welche zur Verfügung stehen und welche man gerne mag. Es eignen sich zum Beispiel: Estragon, Zitronenmelisse, Kapuzinerkresse, Dill, Basilikum, Bohnenkraut, Boretsch, Brutzwiebelchen von Knoblauch, Minzen, Lorbeerblätter.

- Zubereitung: Frische Kräuter grob zerkleinern und in ein weithalsiges Schraubglas füllen. Die dem Füllmaß entsprechende Menge Weinessig oder Apfelessig erhitzen (nicht kochen), über die Kräuter gießen, luftdicht verschließen und an einen sonnigen Platz stellen. 10 bis 14 Tage stehen lassen und die Flüssigkeit in eine dekorative Essigflasche (aus dem häuslichen Flaschenvorrat) zum Verbrauchen abfüllen. Die Kräuter können aber genauso gut im Essig bleiben und beim Zubereiten von Salatsaucen mitverwendet werden – vorausgesetzt man mag Saures.

VEILCHENESSIG

Duftveilchen (Viola odorata) im Frühjahr sammeln. Die niedrigen Stauden wachsen an trockenen Böschungen in den Mittelgebirgslagen. Man kann Veilchen an entsprechenden Stellen auch im Garten kultivieren. Für den Essig nimmt man nur die Duftveilchen, die man am feinen Geruch erkennt, die nicht duftenden Hundsveilchen lässt man stehen.

• Zubereitung: 1 bis 2 Handvoll Blüten in Weinessig oder Obstessig einlegen. 10 bis 14 Tage an der Sonne stehen lassen. Der Essig nimmt durch die Veilchen eine schöne Farbe an. Er hat außerdem ein angenehm würziges Aroma.

HIMBEERESSIG

Reife Himbeeren in ein hohes Schraubglas füllen, mit Weinessig oder Obstessig übergießen, so dass alle Früchte vom Essig bedeckt sind. 10 bis 14 Tage ziehen lassen. Darauf achten, dass keine Essigfliegen hineinkommen. Der Essig nimmt nach wenigen Tagen die Farbe der Himbeeren an. Die Himbeeren können im Essig bleiben und mit für Salate verbraucht werden. Oder man schüttet den gefärbten Himbeeressig in ein anderes Gefäß um und verwirft die Himbeeren – aber dazu sind sie viel zu schade. Den himbeerfarbenen Essig sparsam verwenden, nur jeweils ein paar Spritzer für Blattsalate mit verwenden.

GRUNDREZEPT FALSCHE KAPERN

Dafür eignen sich Knospen und unreife Samen der Kapuzinerkresse, Gänseblümchenknospen und Löwenzahnknospen.

Von der Kapuzinerkresse im Garten die weichen und noch grünen Fruchtstände pflücken. 1 bis 2 Minuten in einem Sieb in kochendes Salzwasser halten und abgekühlt in einen Essigsud (Wein-

essig-Wasser-Gemisch, etwa 1:1) legen. Es können immer neue Samen nachgelegt werden. (Sie brauchen nicht unbedingt blanchiert zu sein.) Im Kühlschrank aufbewahren. Die Falschen Kapern sehen hübsch aus – zum Reinbeißen – wenn man mit ihnen Salate bestreut. Kapuzinerkressesamen geben dem Essigsud einen scharfen Geschmack.

Einlegen in Öl

Pflanze	Sammelort	Pflanzenteile	Sammelzeit
Dost, Wilder Majoran (Origanum vulgare)	Wiesen, Wegränder	Blätter und Blüten	Juli – Oktober
Knoblauch (Allium sativum)	Garten	Knollen und Brutzwiebeln	Juli – August
Kümmel (Carum carvi)	Wiese	Samen	Juli – August
Johanniskraut (Hypericum perforatum)	trockene Wiesen, Wegränder	Blüten	ab Ende Juni – September
Chili, Peperoni (Capsicum frutescens)	Garten, Gewächshaus	frische Früchte getrocknete Früchte	Juli – September das ganze Jahr über
Rosmarin (Rosmarinus officinalis)	Garten, Topfpflanze	Triebe und einzelne „Nadeln"	das ganze Jahr über

GRUNDREZEPT KRÄUTERÖL

Aromatische Wildkräuter lassen sich in Öl einlegen – zum Würzen in der Küche und zur Verwendung als Massageöl. Man nimmt dazu eine Hand voll frischer oder getrockneter Kräuter, übergießt sie in einem weiten Glasgefäß mit gutem kalt gepressten Olivenöl und stellt die Mischung zwei bis drei Wochen lang in die Sonne. Dabei unbedingt darauf achten, dass die Blüten ganz vom Öl bedeckt sind, sonst schimmelt die obere Schicht. Danach in gut verschließbare Fläschchen abfüllen. Die Kräuteröle unbedingt dunkel und kühl aufbewahren, aber nicht im Kühlschrank.

JOHANNISKRAUTÖL / ROTÖL

- Zutaten:
kalt gepresstes Öl,
z. B. Olivenöl
frisch gepflückte
Johanniskrautblüten

- Zubereitung: Zum Ansetzen des Rotöls die Blüten des Echten Johanniskrauts sammeln und locker in ein Schraubglas einfüllen. Mit gutem, kalt gepresstem Öl übergießen, so dass alle Blüten von Öl bedeckt sind und das Glas auf ein sonniges Fensterbrett stellen. Den Deckel nur locker auflegen, nicht zuschrauben. Mit der Zeit färbt sich das Olivenöl rot. Das liegt daran, dass der Inhaltsstoff Hypericin des Johanniskrauts in das fette Öl übertritt. Nach zwei bis drei Wochen den Inhalt abseihen und das Öl in ein dunkles Glas füllen. Dunkel und kühl lagern.

Johanniskrautöl ist ein hervorragendes Mittel bei kleinen Verletzungen der Haut, wie Schürfwunden oder Sonnenbrand – und sogar bei Wundliegen.

Johanniskrautöl wird äußerlich bei Verletzungen angewandt.

ESSBARE BLÜTEN UND BLÄTTER

Pflanze	Pflanzenteile	Sammelzeit	Verwendung
Bärlauch (Allium ursinum)	Blätter Blüten	März – Mai Mai – Juni	Blätter für Pesto, Vinaigrette, Suppen; Blüten zum Verzieren
Beifuß (Artemisia vulgaris)	blühende Triebspitzen Blätter	Juli – August Mai – Oktober	zum Würzen
Boretsch (Borago officinalis)	Blätter und Blüten	Mai – Oktober	zum Verzieren für Salat, Quark, Bowle, Kräuteressig
(Speise-) Chrysantheme (Chrysanthemum coronarium)	Blätter	den ganzen Sommer über	für Salate
Disteln, versch. Arten	Blütenböden	vor der Blüte	als Artischockenersatz
Gänseblümchen (Bellis perennis)	Blüten, Blattrosette	das ganze Jahr über	zum Verzieren
Gartenrosen (Rosa spec.)	Blütenblätter Hagebutten	Juni – September Sept. – November	Bowlen, Tee, Gelee, Gefrorenes, Potpourri
Heckenrosen (Rosa canina)	Blüten Früchte	Juni Sept. – November	Blüten für Bowle, Eis, Potpourris; Früchte für Tee, Marmelade
Holunder (Sambucus nigra)	Blüten Früchte	Juni – Juli August – Sept.	Tee, Ausgebackenes, Sekt, Saft, Suppe, Likör
Huflattich (Tussilago farfara)	Blüten Blätter	Februar – März März – April	Blüten für Tee, Sirup Blätter für Gemüsegerichte
Kapuzinerkresse (Tropaeolum majus)	alle Pflanzenteile	Mai – Oktober	zum Verzieren, für Vinaigrette, zum Einlegen in Essig
Malven (versch. Malva-, Alcea- u. Althaea-Arten)	Blüten und Blätter	Juli – Oktober	manche Arten für Tee, zum Färben
Meerrettich (Armoracia rusticana)	Blüten	Mai – August	zum Würzen pikanter Gerichte
Minzen (Mentha spec.)	Blatttriebe	Juli – Oktober	für Tee, Saucen

Parakresse (Spilanthes oleracea)	Blätter und Blüten	Juli – Oktober	zum Würzen pikanter Gerichte, für Salate
Ringelblumen (Calendula officinalis)	Blüten	Mai – Oktober	für Tee, zum Dekorieren, für Salbe
Rotklee (Trifolium pratense)	Blüten	Mai – September	zum Verzieren, für Salate, für Tee
Schnittlauch (Allium proliferum)	Blätter („Röhrchen") Blütentriebe	April – Oktober	zum Verzieren, für Vinaigrette
Süßdolde (Myrrhis odorata)	Blätter Blüten Samen	Juni – August Juni Juli – August	zum Verzieren, für Süßspeisen
Süßkraut, Stevia (Stevia rebaudiana)	Blätter	das ganze Jahr über	zum Süßen
Stiefmütterchen, Acker- (Viola tricolor)	Blüten	Mai – August	zum Dekorieren, für Tee, für Umschläge
Studentenblume (Tagetes tenuifolia, Tagetes spec.)	Blüten	Mai – Oktober	zum Verzieren
Taglilien (Hemerocallis spec., versch. Arten u. Sorten)	Knospen und Blüten	Juni – September	Gemüsegerichte, Suppen, als Beilage
Taubnessel (Lamium album und andere Arten)	Blüten	April – November	zum Verzieren, für Tee
Veilchen Duftveilchen (Viola odorata): Hornveilchen (Viola ornuta):	 Blüten und Blätter Blüten	 März – April Vegetationsperiode	 zum Verzieren, für Tee, zum Kandieren
Zucchini und Kürbis (Cucurbita pepo, Cucurbita spec.)	Blüten	Sommer und Herbst	zum Verzieren, zum Ausbacken in Teig
Zwiebel (Allium cepa und andere Allium-Arten)	Blüten	Sommer und Herbst	zum Verzieren

Mit schön geformten Blättern und mit wohl schmeckenden Blüten erzielt man tolle Effekte beim Anrichten auf dem Teller, zum Bestreuen von Salaten, Dips oder Kräuterquark oder schlicht als Brotbelag bzw. zum Verzieren von Snacks. Die Blüten darf man anschauen und aufessen! (Nach meiner Beobachtung lassen in Restaurants die meisten Menschen die Blütendekorationen auf den Tellern liegen und trauen sich nicht, das Unbekannte zu essen. Doch nur Mut! Lassen Sie sich die ungewohnten Geschmäcker nicht entgehen.) Und einen gewissen gesundheitsfördernden Effekt haben solche Streublümchen obendrein!
Einige Blüten sind auch richtig nahrhaft und werden wie Gemüse zubereitet. In der asiatischen Küche spielen Taglilienblüten eine große Rolle. Bei uns muss man sich noch an sie gewöhnen, aber wer weiß, vielleicht kommen Köche und Köchinnen bei uns noch auf den Geschmack!
Je nach Pflanzenart werden die Blüten also jeweils ganz anders verwendet. Wer sie nutzen möchte, kommt um ein wenig botanische Kenntnisse nicht herum. Nur so findet man die essbaren Pflanzen in der freien Natur und nur so kann man sie im Garten oder auf dem Balkon kultivieren. Zu kaufen gibt es die Blüten nämlich in

aller Regel nicht. Sehr verbreitet sind die Kreuzblütler. Dazu gehören Senf, Raps, Kohlgewächse, Rettich, Meerrettich und viele mehr. Von diesen Gewächsen nutzt man hauptsächlich Blattwerk, Wurzeln oder Samen. Die weißen, gelben oder rosafarbenen Kreuzblüten sind ebenfalls nicht zu verachten. Ein paar von diesen Blüten findet man fast das ganze Jahr über im Garten und in der freien Natur.

BLÜTENSALAT

◆ Zutaten:

1 Kopfsalat oder Mischung verschiedener Blattsalate, eine Handvoll Kapuzinerkresseblätter, in feine Streifen geschnitten, eine Sammlung verschiedener Blüten, z. B. Boretsch, Kapuzinerkresse, Gänseblümchen, Ringelblumen, Hornveilchen, Fenchel, Dill, Schnittlauch – je nach Jahreszeit und je nachdem, welche Blüten gerade greifbar sind

◆ Zutaten für die Vinaigrette:

4 EL Olivenöl
1 EL Aceto balsamico
1 EL Weißweinessig
1 EL Himbeeressig
1 TL Dijon-Senf
1 kleine Zwiebel, fein gehackt,
1 Knoblauchzehe, fein gehackt,
ein paar Spritzer Zitronensaft,
Salz, Pfeffer, evtl. 1 Prise Zucker

◆ Zubereitung: Den Salat putzen, waschen, abtropfen lassen. Die Blätter auf Tellern verteilen. Olivenöl, Aceto balsamico, Himbeeressig, Dijon-Senf und Zi-

tronensaft mit dem Schneebesen cremig schlagen, ersatzweise den Pürierstab nehmen. Mit Salz und Pfeffer und evtl. etwas Zucker abschmecken. Zum Schluss die Kräuter unterrühren und die Vinaigrette über den Blattsalat träufeln. Mit essbaren Blüten, die man von einem Spaziergang mitbringt oder im Garten findet, bestreuen. Wer mag, kann den Salat mit gehackten Walnüssen oder in dünne Scheiben geschnittenen rohen Champignons anreichern.

BLÜTENBROTE

Einmal etwas anderes als die üblichen Petersilienstängel und Tomatenachtel für Käse- und Wurstplatten. Die essbaren Blüten kann man einzeln so richtig in Szene setzen. Als Unterlage eignen sich bebutterte Vollkornbrote oder Pumpernickel am besten. Auf der Butter bleiben die Blütengebilde haften. Beim Belegen kann man der Phantasie freien Lauf lassen und Muster mit Gänseblümchen oder Ringelblumenblättern und vielem mehr legen. Brot- und Käse-Türmchen mit einer Blume obenauf erregen sicher Aufsehen. Gastgeber können das gleich mit einem Ratespiel – Welche Blume ist das? – verknüpfen.

PFANNKUCHEN, KUCHEN UND AUSGEBACKENES

Pikant oder süßlich, bitter oder scharf – die Geschmacksrichtungen der Blüten können ganz unterschiedlich sein. Die mild schmeckenden Blüten kann man unter den Pfannkuchenteig rühren oder wie die Holunderküchle ausbacken. Die pikanten oder scharfen Blüten passen zu salzigen Kuchen oder in einen Ausbackteig.

HOLUNDERKÜCHLE, HOLLERKÜCHLE

- Zutaten für Pfannkuchenteig:

8 gehäufte EL Weizenmehl
4 große Eier
ca. 1/8 l Milch,
1 Pr. Salz
dazu kleine Holunderblütendolden (Döldchen möglichst in einer Ebene) mit Stiel
Fett zum Ausbacken
etwas Puderzucker

- Zubereitung: Das Mehl in eine Schüssel füllen, mit der Milch glatt rühren. Dann die Eier und das Salz zufügen. (Wenn Vollkornmehl verwendet wird, muss der Teig zirka 1/2 Stunde ziehen.) Die Holunderdolden einzeln in den Pfannkuchenteig hängen – mit dem Stiel nach oben – so dass die Blütchen gut benetzt sind und in dem schwimmenden heißen Fett ausbacken. Auf Küchenpapier abtropfen lassen, mit Puderzucker bestäuben und gleich servieren, zum Beispiel zum Kaffee oder als Partysnack. Gallekranke sollten allerdings auf das fettige Gebäck verzichten.

BEIFUß

- Etwas Botanik: Bitter-scharf-aromatisch ist die Geschmacksnote dieses Wildkrautes. Es wächst am Wegrand, auf Schotter- und Schuttflächen. Manchmal kommen Sämlinge von alleine im Garten auf. Einzeln stehend sieht eine Beifußstaude ausgesprochen dekorativ aus. Die Blätter sind auf der Unterseitig graufilzig behaart. Verwendet werden vor allem die Triebspitzen, die kurz vor der Blüte geerntet werden – zum Frischverbrauch oder zum Trocknen. Auch die Blätter kann man verwenden.

- Blüten nutzen: In der Küche will das Kräutlein jedoch mit Bedacht verwendet sein. Sein starkes Aroma kann leicht vorlaut werden. Traditionell verwenden Köchinnen und Köche die Triebspitzen zum Würzen fetter Braten, vor allem für Gänsebraten, weil es die Fettverdauung verbessert. Die Bitterstoffe regen Magen, Leber und Galle an und sorgen außerdem für einen guten Appetit! Gerbstoffe und ätherisches Öl mit dem wichtigen Bestandteil Absinthol geben dem Kraut den intensiven Geruch und Geschmack. Beifuß ist ein relativ bekanntes Kraut. Es wird in gerebelter Form sogar in den Gewürzregalen der Supermärkte angeboten. Ganz ähnlich vom Geschmack und von der Wirkung her sind die Gartenkräuter Wermut und Eberraute. Beide sind ausdauernde Halbsträucher, ursprünglich aus südlichen Ländern stammend, die problemlos in unserem Klima gedeihen.

BORETSCH, GURKENKRAUT (Borago officinalis)

- Etwas Botanik: Boretsch gehört in jeden Küchengarten. Es ist als Lieferant von Blättern zum Würzen wichtig. Das Kraut ist einjährig, es stirbt bei Frost ab, kommt jedoch meistens von alleine wieder. Das heißt, es versamt sich überreichlich und wuchert leicht. Das Kraut mit den behaarten Blättern und den blauen Blüten lässt sich vielseitig in der Küche verwenden.

- Blüten nutzen: Boretsch ist als Würzkraut für Salate und für die Grüne Sauce unentbehrlich. Weniger bekannt ist, dass man auch die Blüten nutzen kann – als dekorative Streublümchen für Salate, für Drinks, in die Bowle oder für Tee. Und Kräuteressig mit Boretschblüten ist auch eine interessante Variante. Im Mittelalter schrieben die Mönche der blauen Blume eine Heilwirkung bei Melancholie zu. Das stimmt zwar nicht, aber aufmuntern lassen kann man sich von der blauen Farbe schon.

(SPEISE- ODER SALAT-)CHRYSANTHEME, GOLDBLUME, KRONENWUCHERBLUME (Chrysanthemum coronarium)

- Etwas Botanik: Die Goldblume oder Speisechrysantheme ist eine alte Bauerngartenblume. Ihre Heimat ist Portugal. Hierzulande schätzt man sie im Blumenbeet wegen ihrer gelben Blüten und wegen ihres hohen Wuchses. Dass man ihre tief geschlitzten Blätter auch essen kann, ist dagegen kaum bekannt. Man kann sie während des ganzen Sommers einzeln von der Pflanze pflücken.
- Blüten nutzen: Die aromatischen Blätter bereichern Salate.

GÄNSEBLÜMCHEN (Bellis perennis)

◆ Etwas Botanik: Wir Menschen treten das Gänseblümchen ständig mit Füßen – auf der Wiese und im Rasen. Die Blattrosette schmiegt sich eng dem Erdreich an. Die Blätter sind auch im Winter da und die Blüten schieben an den ersten warmen Tagen. Das Gänseblümchen ist ein unverwüstliches Gewächs, das man auch sehr gut nutzen kann.

◆ Blüten nutzen: Die Blattrosetten ergeben einen wohl schmeckenden Salat. Blüten und Blütenknospen dürfen ruhig dabei sein. Die Blütchen allein machen sich gut auf allerlei Angerichtetem – auf Salaten, Dips, Desserts und eingelegt in Essigwasser als Kapernersatz. Die Blüten selbst haben keinen allzu intensiven Eigengeschmack und passen sich den Gerichten an.

GARTENROSEN (Rosa spec.)

◆ Etwas Botanik: Es gibt viele tausend Arten und Sorten von Rosen. Die wild wachsenden Rosen und alte Züchtungen blühen alle nur einmal im Juni. Erst seit gut hundert Jahren wurden auch Sorten gezüchtet, die den ganzen Sommer über bis zum Herbst Blütentriebe schieben. In den Katalogen der Rosenbaumschulen werden sie als öfterblühend charakterisiert. Bei solchen modernen Gartenrosen fehlt jedoch oft der Duft. Intensiv duften die so genannten „Alten Rosen", die Centifolien und Damaszenerrosen, die Bourbonrosen und die Alba-Rosen. Bei den modernen Gartenrosen, den Edelrosen und Beetrosen sowie den Strauchrosen sind auch einige intensiv duftende Sorten zu empfehlen: zum Beispiel

die Edelrosen ‚Duftwolke' oder ‚Margaret Merrill'. In meinem Garten kultiviere ich eine „Alte Rose" namens ‚Salet', die nach der Hauptblüte im Juni bis zum Herbst immer wieder neue Blütentriebe schiebt.

- Blüten nutzen: Diese Rosen verströmen nicht nur ihren Duft, ihr Aroma teilt sich auch den Speisen mit. Herrlich duftende Potpourris für die Nase lassen sich mit den Rosenblütenblättern herstellen. Ebenso Bowlen, Gelee, Eis und Sorbet (s. Seite 45, 51, 52).

HECKENROSE

- Etwas Botanik: Die Heckenrose ist unsere einheimische, wild wachsende Rose. Im Juni schmücken sich die Sträucher mit hellrosafarbenen Blüten. Aus den Blüten bilden sich bis zum Herbst die

Früchte, die Hagebutten. Heckenrosensträucher stehen oft malerisch in der Landschaft, für sich allein oder eingestreut in Hecken. Das dornige Zweigwerk bietet allerhand Getier Unterschlupf.

◆ Blüten nutzen: Das Sammeln der Blütenblätter und vor allem der Hagebutten hat hierzulande eine lange Tradition. In früheren Zeiten brauchte man Naturprodukte wie das vitaminreiche Hagebuttenmark zum Überleben. Was man mit den Hagebutten machen kann, habe ich ausführlich in meinem Buch „Wildobst und Wildbeeren" beschrieben. Die Blüten selbst kann man für Tees oder zum Aromatisieren von Desserts nutzen. Für diesen Zweck eignen sich jedoch Duftrosen (s. Gartenrosen) besser.

HOLUNDER (Sambucus nigra)

◆ Etwas Botanik: Der Schwarze Holunder gedeiht schon seit Urzeiten um Haus und Hof und in der freien Landschaft – ein richtiges Wildgewächs. Er kommt von alleine, ohne menschliches Zutun auf. An nährstoffreichen Plätzen fühlt er sich wohl. Alle seine Teile – Blätter, Blüten, Früchte und sogar die Rinde – sind zu irgend etwas nützlich. Naturverbundene Menschen schätzen ihn deshalb sehr und genießen den eigenartigen Duft der Blüten.

HUFLATTICH (Tussilago farfara)

- Etwas Botanik: Huflattich ist ein Überlebenskünstler, der häufig auf Schotterflächen an Straßen- und Wegdämmen wächst. Sehr früh im Frühjahr erscheinen die gelben Korbblüten, lange vor den Blättern.
- Blüten nutzen: In der Volksheilkunde werden Huflattichblüten und –blätter traditionell zum Kurieren von Husten und bei anderen Erkrankungen der Atmunsorgane eingesetzt. Huflattich hat auch kulinarische Qualitäten. In der Wildgemüseküche gelten Blätter und Blüten als Delikatesse. Leider ist die Pflanze wegen ihres Gehaltes an Pyrrolizidinalkaloiden etwas in Verruf geraten. Dieser Stoff gilt als möglicherweise krebserregend. Deshalb sollte man die Blüten besser gar nicht und die Blätter nur selten zu sich nehmen.

HUFLATTICHBLÜTENSAUCE ALS DESSERT

- Zutaten:

50 g Huflattichblüten
0,1 l würziger Weißwein
0,2 l Wasser
Kardamom, Anis, Fenchel
10 g Puderzucker
10 g Grieß
einen Spritzer Zitronensaft
10 g Sahne

- Zubereitung: Die Huflattichblüten putzen, waschen und fein hacken, mit Puderzucker vermischen und mehrere Stunden in Weißwein marinieren. Das Wasser zum Kochen bringen, mit dem Grieß cremig binden und den Huflattichansatz zufügen. Alles zusammen aufkochen, von der Platte nehmen, mit dem Zitronensaft und den Gewürzen abschmecken und mit der Sahne verfeinern.

KAPUZINERKRESSE (Tropaeolum majus, Tropaeolum minus)

• Etwas Botanik: Die Kapuzinerkresse kennt man normalerweise als Zierpflanze. Doch es hat sich mittlerweile herumgesprochen, dass man Blüten, Blätter und Samen auch essen kann. Und noch etwas: Zubereitungen aus Kapuzinerkresse sind eine hervorragende Medizin mit „antibiotischer", also keimtötender Wirkung.

Die Kapuzinerkressepflanze hat eine auffallende Gestalt. Von üppigem Wuchs mit großen runden Blättern an langen, brüchigen Stängeln und mit weit geöffneten, gelben, orangefarbenen oder roten Blüten, die ihren Schlund dem Betrachter entgegenrecken. Wegen ihrer Blütenform, die der Kapuze der Kapuzinermönche ähnelt, erhielt sie ihren Namen. Das Blattwerk der Kapuzinerkesse entwickelt sich im Spätsommer und Herbst bei feuchtem Wetter besonders üppig. Eine einzige Pflanze kann mit ihren großen Blättern mehrere Quadratmeter bedecken. Beim ersten leichten Frost fällt die Pracht jedoch in sich zusammen. An hohem Gemüse oder an Sträuchern, die daneben stehen, rankt sie auch in die Höhe; eine eigentliche Kletterpflanze ist sie jedoch nicht. Eine richtig kletternde Kapuzinerkresse-Art ist dagegen Tropaeolum peregrinum, deren Blätter und Blüten klein und geschlitzt sind.

• Kapuzinerkresse in der Küche: Blätter und Blüten der Kapuzinerkresse schmecken mild-scharf – ein klein wenig wie Gartenkresse, aber mit dem unverwechselbaren Hauch der Kapuzinerkresse. Die unreifen – essbaren –

Samen sind wesentlich schärfer. Man kann sie in eine Essiglösung als „Falsche Kapern" einlegen. Als Kapernersatz eignen sich auch die Blütenknospen. Die frischen Blätter kann man klein geschnitten als Würze zu Blattsalaten geben oder unter Kräuterquark mischen. Zum Trocknen taugen die fleischigen Blätter nicht. Köchinnen und Köche mit Sinn fürs Dekorative stecken ganze Blätter und Blüten als essbare Zierde in den Salat.

- Kapuzinerkresse als Medizin: Die Kapuzinerkresse macht nicht nur das Essen scharf. Sie hat noch viele andere positive Eigenschaft und gilt in ihrer Heimat in den Anden als wichtige Medizin. Heilkundige verwenden Blätter und Blüten innerlich und äußerlich. Der Saft gilt als desinfizierend und wundheilend und löst auch Verschleimungen bei Husten. Die freigesetzten Senföle sind für diese Wirkung verantwortlich. Geschätzt wird an der Kapuzinerkresse auch der hohe Gehalt an Vitamin C. Die neuere Forschung bescheinigt der Kapuzinerkresse eine antibiotische Wirkung. Diese Eigenschaft hat ihr auch den Namen „pflanzliches Antibiotikum" eingebracht. Phytomediziner setzen Medikamente mit Kapuzinerkresse-Extrakt bei bestimmten Entzündungen und bei Pilz-Infektionen ein. Alle, die Kapuzinerkresse im Garten haben, können folgendes Hausrezept ausprobieren: Bei einem Anflug von Halsschmerzen einfach einige Blätter und Blüten der Kapuzinerkresse knabbern. Damit kann man sicher Schlimmeres verhindern.

KAPUZINERKRESSE-QUARK ODER DIP

• Zutaten (als Dip oder Beilage für 2 Personen):
250 g Quark (20 % Fett)
50 g saure Sahne,
etwas Milch zum glatt rühren, Salz
ca. 20 Kapuzinerkresseblätter, fein gehackt, einige schön geformte Blüten und Blätter zum Dekorieren

• Zubereitung: Quark, Sahne und Gewürze glatt rühren, zum Schluss die Kräuter untermischen. Nach Geschmack mit Tabascosauce würzen.

PESTO AUS KAPUZINERKRESSE

• Zutaten für 1 Glas:
200 g Kapuzinerkressetriebe (Blätter, Stängel, Blüten, Knospen)
100 g Brennnesselblätter
40 g geriebenen Meerrettich
ca. 2 EL neutrales Pflanzenöl, z. B. Sonnenblumenöl
Salz und Pfeffer nach Geschmack

• Zubereitung: Die Blätter im Mixer zerkleinern. Das Öl und die Gewürze zugeben, so dass eine sämige Masse entsteht. In einer hübschen Schale anrichten und mit Kapuzinerkresseblüten dekorieren.

ROTE-BETE-SALAT MIT FALSCHEN KAPERN

◆ Zutaten (für 2–3 Personen):
1 mittelgroße Rote Bete
(Rote Rübe)
1 Büschel Kapuzinerkresseblätter
1 EL Falsche Kapern aus
Kapuzinerkressesamen
1 kleine Zwiebel
1 kleiner Apfel
1 El Walnussöl
1 EL Essigsud
Pfeffer, Salz
1 TL Korianderkörner,
frisch gemahlen oder
im Mörser zerkleinert
1 EL frisch geriebener Meerrettich

◆ Zubereitung: Die Rote Bete auf der Gemüsereibe raffeln, ebenso den Apfel. Die Zwiebel fein würfeln und zum Gemüse geben. Mit den angegebenen Zutaten würzen. Etwa 1 Stunde durchziehen

lassen. Abschmecken und eventuell mit Salz und Pfeffer nachwürzen. Vor dem Servieren mit den Falschen Kapern und in feine Streifen geschnittenen Kapuzinerkresseblättern überstreuen.

PARAKRESSE (Spilanthes oleracea)

◆ Etwas Botanik: Die Parakresse ist in unseren Gärten noch nicht sehr verbreitet. Die Pflanze stammt ursprünglich aus Südamerika, lässt sich aber auch in unserem Klima problemlos anbauen. Es gibt auch einige Sorten mit mehr rötlichen oder mehr gelben Korbblüten ohne Blütenblätter.

◆ Blüten nutzen: Die Parakresse ist ein interessantes Würzkraut. Blätter und Blüten hinterlassen auf der Zunge einen kresseartig scharfen, prickelnden Geschmack. Sie eignen sich ideal zum Würzen von Salaten, auch für Kartoffelsalat. Und gesund ist das Würzkraut dazu: es enthält das Alkaloid Spilanthol, das antiseptisch gegen Bakterien, Viren und Pilze wirkt. Es steigert dadurch auch die Abwehrkräfte.

RINGELBLUMEN (Calendula officinalis)

◆ Etwas Botanik: Die Ringelblume ist eine hübsche einjährige Sommerblume mit gelben oder orangefarbenen Blüten. Sie gedeiht problemlos in Gartenbeeten und versamt sich in aller Regel selbst, vorausgesetzt der Garten ist genügend sonnig. Wenn sich das Pflänzchen einmal im Garten etabliert hat, kommt es immer wieder, so dass man immer reichlich Blüten zur Verfügung hat.

◆ Blüten nutzen: Ringelblumen bringen Farbe auf den Teller. Sie stimmen unwillkürlich fröhlich. Ringelblumenblüten bleiben lange frisch. Sie eignen sich deshalb hervorragend als Tellerdekoration oder zum Bestreuen von Salaten. Die abgezupften Zungenblüten geben vielen Gerichten erst den richtigen Pfiff (s. Seite 68). Interessanterweise geben die Blütenblätter die Farbe ab. Man kann sie deshalb als Safranersatz zum Färben von Reis verwenden. Die Blätter haben ebenfalls ein feines Aroma und bereichern Salate.

Am bekanntesten ist die Ringelblume als Ingredienz der Ringelblumensalbe, die als Allheilmittel bei wunder Haut und bei leichten Hautverletzungen gilt. Traditionell stellt man sie mit Schweineschmalz her; wen der Geruch stört, der nimmt Vaseline oder Melkfett als Salbengrundlage. Zur Behandlung von Wunden kann man einen frischen Absud herstellen und Kompressen auflegen. Ringelblumentee getrunken hilft wegen seiner leicht krampflösenden Wirkung bei Gallebeschwerden. Er gilt auch als Blutreinigungstee.

RINGELBLUMENSALBE

◆ Zutaten:
200 g Vaseline
eine Handvoll

◆ Zubereitung: Vaseline in einen Topf geben und schmelzen lassen. Die Ringelblumenblüten dazugeben und alles zusammen aufko-

frisch gepflückte Ringelblumenblüten

chen lassen. Dabei gut durchrühren. Die flüssige Masse durch ein Sieb abgießen, zusätzlich den Blütenrückstand auspressen. Zum Abfüllen eignen sich alte, gut gereinigte Cremedöschen.

ROTKLEE, WIESENKLEE (Trifolium pratense)

- Etwas Botanik: Rotklee wächst auf der Wiese und wird in der Landwirtschaft auch als eiweißreiches Viehfutter auf Feldern angebaut. Er gehört zur Gruppe der Leguminosen, die im Boden eine Symbiose mit Knöllchenbakterien eingehen und sich auf diese Weise den Stickstoff aus der Luft filtern und sich so ernähren. Eine Rotkleekultur düngt auf diese Weise den Boden und verbessert ihn für nachfolgende Kulturen.

◆ Blüten nutzen: Menschen in früheren Zeiten nutzten Rotkleeblätter und -blüten als Nahrungsmittel. Die Rotkleestängel wurden getrocknet und gemahlen und dem Getreide beigemischt. Als Teekraut hat Rotklee ebenfalls eine lange Tradition. Der Teeaufguss (4 bis 6 Blüten pro Tasse, ca. 10 Minuten ziehen lassen) gilt allgemein als Blutreinigungsmittel. Er wird auch bei Ekzemen und bei arthritischen Beschwerden getrunken. Seit einiger Zeit macht das Kraut wegen seiner Wirkung auf das weibliche Hormonsystem von sich reden. Es enthält Isoflavone, das sind Phytoöstrogene, die bei Wechseljahrsbeschwerden helfen, die Blutgefäße schützen und Alterserscheinungen lindern. Diese Wirkung kann man sich bei der Zubereitung als Tee zunutze machen. Viel naheliegender ist es jedoch, die Blüten einfach im Salat zu essen. Sie haben einen angenehmen Geschmack mit leicht süßlichem Anklang wie die Taubnesselblüten. Es ist auch möglich, aus den Samen Sprossen zu ziehen und diese im Salat zu verwenden.

ROTKLEEBLÜTEN AN AVOCADO

◆ Zutaten pro Person als Vorspeise:
$1/2$ gut reife Avocado
4 Rotkleeblüten mit einem Teil des Stängels
ein paar Feldsalatrosetten
50 g saure Sahne
1 Spritzer Zitronensaft
1 Spritzer Sojasauce
evtl. etwas Weißweinessig
Pfeffer, Salz

◆ Zubereitung: Feldsalat putzen, waschen und auf einem Vorspeisenteller verteilen. Avocados halbieren, den Kern entfernen und schälen. Die Avocadohälften in dünne Spalten schneiden und neben den Feldsalat drapieren. Die saure Sahne würzen und mit auf den Teller geben. Mit den Rotkleeblüten dekorieren.

SCHNITTLAUCH (Allium schoenoprasum)

- Etwas Botanik: Von meinen Streifzügen durch die Natur bringe ich manchmal Wilden Schnittlauch mit. Im Vorfrühling, lange vor dem Laubaustrieb, sind die Büschel mit den „Schnittlauch"-Röhrchen nicht zu übersehen. Sie wachsen am Wegrand, an Böschungen entlang der Wanderwege in unmittelbarer Nähe unseres Hauses. Die Botaniker sind sich nicht ganz sicher, ob dieser Schnittlauch tatsächlich wild wächst, also eine einheimische Pflanze ist, oder ob er aus Gärten verwildert ist. Dieser Expertenstreit soll uns nicht kümmern. Die Röhrchen der wild wachsenden Variante sehen genauso aus wie die des Gartenschnittlauchs, sind lediglich etwas dünner, fast fädig, aber immer in Röhrchenform.

Neben dem Schnittlauch gibt es noch andere wild wachsende und kultivierte Verwandte des Schnittlauchs, die sich alle sehr gut verwerten lassen: der Weinbergslauch (Allium vineale), die Winterheckezwiebel (Allium fistulosum), die Etagenzwiebel (Allium x prolifera), die Schalotte (Allium ascalonicum), die Weinbergzwiebel, die nur in Weinbergen auf Muschelkalk wächst.

- Blüten und „Röhrchen" nutzen: Man verwendet das Zwiebelgrün, also die Röhrchen der Lauchgewächse. Bei einigen sind es auch die Brutzwiebelchen am Ende des Stängels – ganz abgesehen von den Knoblauchzehen. Die Senföle (Allicin) geben den Lauchgewächsen die feine Schärfe. Die (Schnitt-)Lauch-Röhrchen sind unentbehrlich in der Salatsauce und passen hervorragend in salzige Kuchen/Wähen, in Pfannkuchen und in Maultaschen.

Die straffen Schnittlauchstängel – mit oder ohne Blüte – geben auf dem Teller immer eine gute Figur ab. Sie bieten sich für ikebanaartige Dekorationen an.

SCHNITTLAUCHWÄHE

für eine flache Kuchenform mit 28 cm Durchmesser

- Zutaten für den Mürbeteig:

250 g Mehl
100 g Butter, gut gekühlt
1 TL Salz
1 TL Essig
knapp 1/8 l Wasser

- Zutaten für den Belag:

2 Handvoll Schnittlauch, in kurze Röhrchen geschnitten
1 Becher (200 g) saure Sahne
2 Eier
etwas Salz und Pfeffer

- Zubereitung: 250 g Mehl auf ein Backbrett geben, die Butter auf die Mitte geben und mit einem Hackmesser durchhacken. Dann das Salz, den Essig und das Wasser zugeben und alles rasch zu

Maultaschen

Schnittlauchwähe

(v. o.)

einem geschmeidigen Teig verkneten. 15 Minuten kalt stellen. Die gefettete Blechform damit belegen, am Rand etwa 2 cm hochdrücken. Den Boden mit einer Gabel löchern.

Für den Belag die saure Sahne mit den Eiern gut verrühren, Pfeffer und eine Prise Salz zugeben. Zum Schluss die Schnittlauchröhrchen unterrühren und die Masse auf dem Blech verteilen.

Im auf 200 °C vorgeheizten Backofen etwa 25 Minuten backen.

SÜSSDOLDE (Myrrhis odorata)

◆ Etwas Botanik: Die Süßdolde ist ein echter Gewinn fürs Kräuterbeet und für die Küche. Ihr weiches, behaartes Laub erinnert etwas an Kerbel, mit dem sie auch eng verwandt ist. Wegen des speziellen Geruchs und Geschmacks der Blätter und der Samen heißt das Gewächs auch Myrrhenkerbel. Normalerweise wird die Süßdolde als Gartenpflanze kultiviert. Sie verwildert jedoch leicht und wenn man sie einmal im Garten hat und aussamen lässt, kommt sie von alleine immer wieder. Die Staude wächst in der Sonne und im Halbschatten. Bei mir zu Hause hat sie sich vor der Haustür

selbst ausgesät. Sie entwickelt sich im Frühsommer zu einer üppigen Pflanze, die sich im Juni mit weißen Doldenblüten schmückt. Nach der Samenreife im Spätsommer, im August-September, sterben die Blätter plötzlich ab. Im folgenden Jahr treibt die Staude wieder neu aus.

- Blüten nutzen: Von der Süßdolde lässt sich alles verwenden: Blätter, Blüten und Samen. Blattwerk und Samen haben einen ausgeprägten Lakritz-Geschmack. Mit ihrem süßlichen Aroma passen sie deshalb als Würze zu Süßspeisen, zu Pudding und Kuchen – vorausgesetzt man mag Lakritz. Die Samenkörner sind der Clou an dieser Pflanze. Im unreifen Zustand geknabbert sind sie eine Delikatesse. Auch mit den kerbelartigen Blättern kann in der Küche kreativ umgehen. Ganze Blätter oder nur Blattteile davon bieten sich zum Würzen von Süßspeisen oder zum Dekorieren an.

SÜSSKRAUT / STEVIA (Stevia rebaudiana)

- Etwas Botanik: Aus einer ganz anderen Weltgegend, aus Südamerika, aus Paraguay, stammt das Süßkraut Stevia rebaudiana. Die dort lebenden Indianer süßen mit den Blättern traditionell ihren Matetee und nutzten das Kraut auch zum Heilen von Wunden, bei Bluthochdruck und Diabetes. In Japan verwendet die Süßwaren- und Getränkeindustrie in großem Maßstab den süßen Steviaextrakt.

In Mitteleuropa schätzen viele gesundheits bewusste Verbraucher Stevia als Süßungsmittel, weil es praktisch kalorienfrei ist und je nach Sorte und Anbauort 20- bis 45-mal stärker süßt als normaler

Zucker. Es ist für Diabetiker geeignet und schadet den Zähnen nicht. Den Behörden ist Stevia jedoch ein Dorn im Auge; laut einer EU-Verordnung ist es verboten, mit Stevia gesüßte Lebensmittel oder Getränke in den Handel zu bringen. In Apotheken oder übers Internet bekommt man Stevia-Kraut. Man kann sich aber auch selbst an den Anbau des Gewächses wagen. In mitteleuropäischem Klima ist das nur in kleinem Maßstab möglich, weil Stevia viel Wärme braucht und nicht im Freiland überwintern kann. Stevia wird deshalb bei uns in Mitteleuropa in Töpfen und Kübeln kultiviert: im Sommer im Freien, im Winter sehr hell und relativ warm (bei 15 bis 20 °C) im Haus. Im Winter öffnet die Kurztagpflanze ihre winzigen, cremefarbenen Blütchen. Geerntet wird das süße Blattwerk das ganze Jahr über, wobei die Haupterntezeit Mitte bis Ende September liegt, wenn die Pflanze viel Blattwerk gebildet hat. Durch ständiges Abkneifen der Triebspitzen wird die Pflanze buschiger.

◆ Blüten und Blätter nutzen: Steviablätter haben eine starke Süßkraft. Ein Blättchen reicht zum Süßen von Tee. Für Joghurt, Quark oder Süßspeisen, in denen sich die Süße verteilen muss, muss man Stevia trocknen und pulverisieren.
Es gibt auch die Möglichkeit, selbst mit Wasser oder Alkohol einen Auszug herzustellen, der sich zum Kochen besser verwenden lässt.

STEVIA-AUSZUG (ergibt etwa 200 ml)

◆ Zutaten:
200 ml Wasser
1 Tasse (2 dl) frische, grob zerkleinerte Steviablätter

◆ Zubereitung: Das Wasser zum Kochen bringen, die Steviablätter dazugeben und alles ca. 30 Minuten köcheln lassen. Die Mischung dann durch ein Sieb in eine sterilisierte Flasche oder in ein Glas mit Schraubverschluss abgießen. Gut verschließen. Dieser Ansatz hält sich etwa 6 Monate lang.

STUDENTENBLUME/TAGETES (Tagetes tenuifolia)

◆ Etwas Botanik: Üblicherweise kennt man die Studentenblume als Zierpflanze, als Sommerblume in leuchtenden Gelb-, Orange- und Rottönen blühend. Wer an den Blättern und Blüten reibt, erschnuppert einen eher unangenehmen, herben Duft. Der frühere deutsche Name „Stinkende Hoffahrt" charakterisiert dieses Merkmal. Ich habe lange nicht gewusst, dass man Studentenblumen auch essen kann. Nicht unbedingt die großblumigen Arten, sondern die kleinwüchsigen Arten mit fein gefiedertem Laub, die botanisch korrekt Tagetes tenuifolia heißen. Sorten mit gelben (‚Lemon Gem') und orangefarbenen Blüten (‚Orange Gem') sind im Samenhandel erhältlich. Sie duften und schmecken unverkennbar nach Zitrus. Man bezeichnet sie als Gewürztagetes. Wie in vielen anderen Pflanzengattungen, hat die Natur auch bei dieser eine Art mit Lakritzaroma hervorgebracht (Tagetes filifolia).

◆ Blüten nutzen: Die kleinen Blüten der Gewürztagetes bieten sich zum Überstreuen von Salaten an, in denen ein fein-herbes Zitrusaroma erwünscht ist. Auch als Zutat zu Süßspeisen machen sie sich gut.

TAGLILIE (Hemerocallis spec.)

◆ Etwas Botanik: Taglilien blühen nur einen Tag. Deswegen und wegen ihrer lilienartigen Blüten tragen sie ihren Namen. Es sind Stauden, die bei uns in Gärten kultiviert werden. Wild wachsen sie bei uns nicht; ihre Heimat ist China. Blumenfreunde bewundern Taglilien wegen ihrer herrlichen Blüten: je nach Sorte in fast allen Farben, manche sogar duftend.

◆ Blüten nutzen: In der chinesischen Küche sind Taglilien unverzichtbar. Alle Teile werden verwendet, sogar die Wurzeln, besonders aber die Blütenknospen und die geöffneten Blüten. Diese schmecken nicht nur gut, mit einem Anklang an grüne Bohnen oder Spargel, sondern sind durch ihren hohen Eiweißgehalt auch sehr nahrhaft. Auch wegen ihres hohen Vitamin-C- und Provitamin-A-Gehaltes sind sie nicht zu verachten.

Taglilienknospen und -blüten lassen sich sogar einfrieren, vorher sollte man sie kurz blanchieren.

Taglilienblüten werden auf alle möglichen Arten zubereitet: gebacken, gedämpft, geschmort. Nach wenigen Minuten sind sie gar. Man kann sie als Gemüsegericht, als Suppe oder als Beilage zu Geflügel zubereiten. Passende Gewürze sind Ingwer, Zwiebeln, Zitronengras, Curry, Sojasauce.

TAGLILIEN MIT HÜHNCHENBRUST

◆ Zutaten:
12 – 16 Taglilienknospen
1 Hühnchenbrust
1 Schalotte
feingehackter frischer Ingwer
Zitronengras
etwas Sesamöl
Salz und Pfeffer
etwas Weißwein
1 Spritzer Sojasauce

◆ Zubereitung: Die Schalotte fein hacken und in dem Öl anbraten, die Hühnchenbrust in dünne Streifen schneiden und im Öl scharf anbraten. Mit Weißwein und Sojasauce ablöschen. Salzen und pfeffern, Ingwer und Zitronengras zugeben und ein paar Minuten lang mitdünsten. Zum Schluss die Taglilienknospen unterziehen. Dazu passt Reis.

TAUBNESSEL, WEISSE

(Lamium album)

◆ Etwas Botanik: Die Taubnessel entpuppt sich tatsächlich als „taube Nessel", als eine Nessel, die nicht brennt. Ihre Blätter sehen zwar denen der Brennnessel zum Verwechseln ähnlich, besitzen jedoch keine Brennhaare.

Und die beiden Gewächse sind nicht einmal im botanischen Sinne verwandt miteinander. Die Taubnessel gehört zur Gruppe der Lippenblütler, zu der zum Beispiel auch der Wiesensalbei gehört. Die weißen Lippenblüten sollte man sich genau anschauen. Hummeln besuchen sie manchmal und holen Nektar.

- Blüten nutzen: Kinder, die auf dem Land leben, wissen, dass man die Blüten „auszullen" kann, also den süßen Nektar auslutschen kann. Die Blüten haben heilende Wirkung speziell bei Frauenkrankheiten. Deshalb sind sie in vielen Frauentee-Mischungen enthalten. Für diesen Zweck werden sie getrocknet. Getrocknet sehen sie nicht mehr so hübsch aus. Sie nehmen dann eine bräunliche Farbe an.

Frisch sind die ausgezupften Blütchen hübsche Tellerdekoration, auch zum Überstreuen von Desserts (s. Seite 68).

VEILCHEN, VERSCHIEDENE ARTEN: DUFTVEILCHEN (Viola odorata), HORNVEILCHEN (Viola cornuta), ACKERSTIEFMÜTTERCHEN (Viola tricolor)

- Etwas Botanik: Die *Duftveilchen* künden das Frühjahr an. Naturverbundene Menschen empfinden jedes Mal große Freude, wenn sie die ersten Veilchen entdecken. Begehrt sind die Duftveilchen, von denen man sich unbedingt ein kleines Sträußchen mit nach Hause nehmen sollte. Sie wachsen an trockenen Wiesenhängen, an Böschungen. Sie lassen sich auch im Garten ansiedeln. Die Wildform blüht meistens blauviolett, es gibt auch weiße und lilafarbene Varianten.

In Staudengärtnereien gibt es auch Auslesen von besonders intensiv duftenden Exemplaren, zum Beispiel ‚Königin Charlotte', oder gesprenkelte Sorten.

Die *Hornveilchen* kennt man hauptsächlich als vielgestaltige Garten- und Balkonpflanzen. Ihre Blüten sind meistens vielfarbig. Auch wer keinen Garten hat kann in den Genuss der Hornveilchenblüten kommen.

Das *Ackerstiefmütterchen* ist eine der Ursprungsformen des bekannten Gartenstiefmütterchens. Über viele Zwischenstufen sind aus dem kleinblütigen wilden Stiefmütterchen die großblumigen Gartenformen gezüchtet worden. Man findet es auf eher kargen Äckern, an Feldrainen und als Gartenunkraut. Da es sehr klein und unscheinbar ist, muss man genau hinschauen, um es zu finden.

Die Stiefmütterchen sollten alles andere als stiefmütterlich behandelt werden. Der wohl klingende botanische Name rückt die Sache wieder etwas zurecht: Da heißen sie nämlich Viola, was sehr viel netter klingt.

◆ Blüten nutzen: Auch was die Heilwirkung angeht ist *Stiefmütterchenkraut* nicht zu verachten; es ist ein gutes Teekraut mit blutreinigender Wirkung. Es hilft innerlich und äußerlich angewandt bei Hautunreinheiten, bei Hautausschlägen, Ekzemen. Man erntet das ganze Kraut während der Blütezeit.
Hornveilchenblüten in ihren aparten Farbkombinationen eignen sich gut als Tellerdekoration, auch für pikante Gerichte. *Duftveilchenblüten* harmonieren besser mit Süßem. Aus den Duftveilchen lässt sich ein aromatischer Veilchenessig herstellen. Eine Spezialität sind auch kandierte Veilchenblüten. Bemerkenswert ist der hohe Vitamin-C-Gehalt der Veilchenblätter und -blüten.

ZUCCHINI- und KÜRBISBLÜTEN

(Cucurbita pepo, Cucurbita spec.)

◆ Etwas Botanik: Wer Kürbis- und Zucchiniblüten in der Küche verarbeiten möchte, sollte sich die Blüten genau anschauen. Die Kürbisgewächse haben nämlich männliche und weibliche Blüten. Die männliche Blüte trägt Staubbeutel, die weibliche den Stempel, aus dem sich die Frucht entwickelt, wenn eine Bestäubung stattgefunden hat. Auf Märkten in südlichen Ländern kann man (weibliche) Zucchiniblüten kaufen. Sie haben schon einen kleinen Fruchtansatz. Hierzulande ist man auf das angewiesen, was im Garten

wächst. Wenn man Zucchiniblüten in der Küche verwenden will, sollte man einige Pflanzen im Garten haben, so dass aus den übrig gebliebenen Blüten noch die Früchte entstehen können.
Kürbisse sind wüchsiger und bringen unzählige Blüten hervor, da schadet es den Pflanzen nicht, wenn man wenige für die Küche abzweigt. Interessante Experimente lassen sich damit anstellen.

- Blüten nutzen: Die Blüten müssen schnell verbraucht werden. Man füllt die geöffneten Blüten mit Hackfleisch, einer Zwiebel-Reis-Mischung oder einer beliebigen anderen Füllung und überbäckt sie in einer Form im Backofen. Das ist die gesündere, fettärmere Variante. Die andere Möglichkeit ist, die Blüten in einem Pfannkuchenteig zu wenden und in heißem Fett auszubacken.

GEFÜLLTE ZUCCHINIBLÜTEN

- Zutaten
(für 4 Personen als Vorspeise):
8 Zucchiniblüten mit Fruchtansatz
oder 16 männliche Blüten
200 g Feta oder Quark (40 % Fett)
etwas Sahne
2 EL geröstete Sonnenblumenkerne
2 EL Parmesan, Pfeffer, Salz

- Zubereitung: Den Feta mit der Gabel zerdrücken und mit den restlichen Zutaten vermischen. Dabei so viel Sahne zugeben, dass eine cremig-feste Masse entsteht. Die Masse mit einem kleinen Löffel in die Blüten füllen bzw. bei geschlossenen Blüten mittels einer Spritztülle hineinbefördern. Die gefüllten Zucchiniblüten in eine gefettete Auflaufform setzen. Die Zucchiniblüten mit etwas Öl überpinseln. Etwas Wasser zugießen, so dass der Boden der Form bedeckt ist, und im Backofen bei ca. 180 °C überbacken. Dazu Weißbrot reichen.

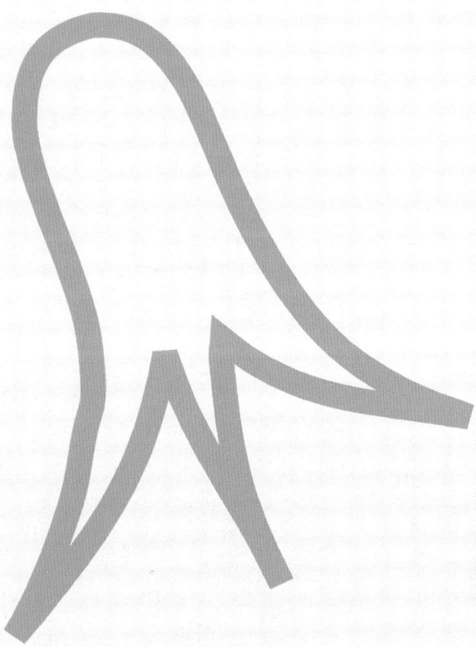

ESSBARE FRÜCHTE UND SAMEN

Pflanze	Sammelort	Pflanzenteile	Sammelzeit	Verwendung
Bärenklau (Heracleum sphondyleum)	Wiese	Samen	Juni – September	zum Knabbern für unterwegs
Brennnessel (Urtica dioica, Urtica urens)	Garten, überall zu finden	Früchte (=„-Samen")	ab Juni – November	für unterwegs, für Suppen und Saucen, zum Füttern von Hühnern und Pferden
Erdbeerspinat (Blitum capitatum = Chenopodium capitatum)	Garten	„Beeren"	im Hochsommer	für Zwischendurch, zur Dekoration
Haselnüsse (Corylus avellana)	Garten, Gebüsch in freier Natur	Nüsse	September – Oktober	zum Backen, für Müsli, zum Verzieren
Hirtentäschel (Capsella bursa-pastoris)	Äcker, Wegränder, Garten	Samen	Mai – November	zum Knabbern, als Vogelfutter, zum Bestreuen von Salaten, für Gemüsebrühen
Knoblauch, auch Weinbergsknoblauch (Allium sativa, Allium vineale)	Garten, Weinberge, trockene Hänge	Brutzwiebeln	August – September	zum Würzen, für Gemüsegerichte, Einlegen in Essig
Kümmel (Carum carvi)	trockene Wiesen, Wegränder	Samen	Juli – August	für pikante Gerichte, zum Brotbacken
Pastinaken (Pastinaca sativa)	trockene Wiesen, Garten	Samen	August – September	zum Würzen von Gemüsegerichten, Suppen
Sonnenblumen (Helianthus annuus)	Garten, manchmal verwildert	Kerne	Herbst	zum Knabbern, als Vogelfutter
Süßdolde (Myrrhis odorata) s. Seite 88/89	Garten, selten verwildert	unreife Samen und reife Samenkörner	Juli – August	als Bonbonersatz, unreif zum Knabbern, reife Samen gemahlen für Süßspeisen

Walnüsse (Juglans regia)	meist auf Privatgrundstücken, in Parks	Nüsse	Oktober	zum Backen, zum Verzieren
Wegerich, Spitz-, Breit- u. mittlerer Wegerich (Plantago spec.)	am Wegrand, im Rasen und auf der Wiese	unreife Fruchtstände	den ganzen Sommer über	zum Knabbern unterwegs
Wegmalve (Malva neglecta)	Wegrand	„Käselaibchen"	August – Oktober	zum Knabbern unterwegs

Unterwegs in der freien Natur kann man allerhand essbare Samen und Früchte entdecken. Es macht Spaß, sich mit dem Ungewohnten zu beschäftigen, die Formen zu betrachten und zu kosten wie die Samen schmecken. In Acht nehmen sollte man sich jedoch vor den verlockend aussehenden Früchten der Eibe, des Seidelbasts oder der Tollkirsche, um nur die giftigsten zu nennen (s. auch Seite 14/15). Keine Angst, die Samen, die ich hier vorstelle, sind nicht giftig. Allen gemeinsam ist ihr ausgeprägter Geschmack. Lassen Sie Ihre Phantasie spielen und probieren sie einfach aus! Einige der vorgestellten Samen und Früchte kann man in Geschäften kaufen, die anderen muss man selbst in der Natur suchen. Einige Gewächse kann man im Garten anbauen und hat dann die Samen leicht zur Verfügung.

BRENNNESSEL, GROßE und KLEINE
(Urtica dioica und Urtica urens)

◆ Etwas Botanik: Die Brennnessel ist eine unserer wichtigsten Heilpflanzen und ein begehrtes Wildgemüse dazu. Sie wächst überall,

wo der Boden genügend nährstoffreich ist und breitet sich gerne aus. Die Wüchsigkeit der Brennnessel freut die Naturfreunde, Gartenbesitzer mögen sie jedoch nicht so und bekämpfen sie mit allen Mitteln. Ich gehe pragmatisch mit ihr um und lasse sie in Gartenecken stehen – als Lieferant für Wildgemüse und von Mulchmaterial für die Gartenbeete. Dort wo sie stört, kann man sie durch ständiges Abhacken oder Abdecken im Zaum halten.

Bei der *Großen Brennnessel* gibt es übrigens männliche und weibliche Pflanzen; nur die weiblichen Exemplare tragen die Samen. Die *Kleine Brennnessel* hat eine einhäusige Blüte, bei der männliche und weibliche Blütenorgane in einer Blüte sitzen.

- Samen nutzen: Über die Zubereitung als Wildgemüse, Tee und Frischpresssaft habe ich in meinem Buch „Wildkräuter und Wildgemüse" ausführlich berichtet. Hier möchte ich auf die Samen eingehen. Vor Jahrzehnten hat ein alter Mann versucht, mir die Brennnesselsamen (und die Wurzeln) schmackhaft zu machen. Er bezeichnete sie damals als „Jungbrunnen". Damals, in jungen Jahren, habe ich das nicht so ernst genommen. Mittlerweile weiß ich von dem hohen (Nähr-)Wert der Brennnesselsamen. Sie sind reich an Proteinen und Fetten mit einem hohen Anteil an Linolsäure. In der Veterinärmedizin weiß man von diesen Vorzügen schon lange und gibt die Samen Hühnern und Pferden ins Fressen – die Hühner

sollen davon besser legen und die Pferde davon ein glänzenderes Fell bekommen.
Ich beschreibe den Geschmack der Samen als angenehm nussig. Beim Vorübergehen streife ich gerne die rispigen Fruchtstände ab und schiebe die Samen in den Mund. Ich empfehle sie zum Einstreuen in Suppen und Saucen. Als Teeaufguss kann man sie ebenfalls zubereiten; gelegentlich werden sie mit Alkohol angesetzt.

ERDBEERSPINAT (Blitum capitatum = Chenopodium capitatum)

- Etwas Botanik: Nur sehr versierte Gärtner kennen heute noch den Erdbeerspinat. Dabei war er früher sehr verbreitet; unsere Urgroßmütter kannten ihn und haben die Blätter so wie Melde und Spinat verwendet. Der Erdbeerspinat ist tatsächlich eng mit diesen Blattgemüsen verwandt und wird auch so verwendet. Im Garten wird er im Frühjahr in Reihen ausgesät.

- Früchte nutzen: Das Interessante am Erdbeerspinat sind aber die Früchte, die auffallend rot sind und wie Mini-Erdbeeren aussehen. Verlockend! Doch nur schöner Schein. Ihr Geschmack ist leicht süßlich, aber fade. Eine sinnvolle Zubereitungsart will einem da nicht einfallen. Aber als Tisch- und Tellerdekoration ist der Erdbeerspinat klasse!

HIRTENTÄSCHEL (Capsella bursa-pastoris)

- Etwas Botanik: Das Hirtentäschel ist ein Wildkraut, das auf Äckern, auf Ödland und an Wegrändern wächst. Seine Samenstände in der typischen Täschchen- oder eigentlich eher Herzform fallen auf. Das Kräutchen heißt deshalb auch Herzkraut oder Schneiderbeutel. Zudem ist das Hirtentäschelkraut eine wertvolle Heilpflanze.

- Blätter und Samen nutzen: Viele Menschen kennen das Hirtentäschel als Pflanze, wissen aber nicht, was man mit ihr anfangen kann. In meinem Wildgemüsebuch habe ich ausführlich über die kulinarischen und sonstigen Qualitäten der Blätter berichtet. Man kann sehr gut schmeckende Salate daraus zubereiten. Noch weniger bekannt ist, dass man auch die Samen essen kann. Bei meinen Wildkräuterkursen lasse ich die Teilnehmer gerne die Samen knabbern. Sie haben einen ganz angenehmen Geschmack und durch ihren hohen Fettgehalt sind sie recht nahrhaft. Manche Leute füttern mit den Samen (= Hirtentäschchen) ihre Vögel im Käfig. Wie bei den Brennnesselsamen bietet es sich an, die „Täschchen" über Salate, Quark und Suppen zu streuen. Auch in einer Gemüsebrühe machen sich die dekorativen Samenstände gut.

Früher war Hirtentäschelkraut das Standardmittel zum Blutstillen bei äußeren und inneren Blutungen. Auch bei Nasenbluten wurde es äußerlich und innerlich als Tee angewandt. Ob Hirtentäschelkraut bei dieser Indikation wirklich hilft, ist sehr umstritten. Heute nimmt man anderes für diesen Zweck. Möglicherweise wirkt das Hirtentäschelkraut auch günstig auf Herz und Kreislauf und stärkt – so ähnlich wie der Weißdorn – das Herz.

KNOBLAUCH, WEINBERG-LAUCH

(Allium sativum, Allium vineale)

◆ Etwas Botanik: Knoblauchknollen, wie man sie im Laden kaufen kann, kennt jeder. Interessant wird es erst, wenn man die Pflanze selbst vor sich hat und sie womöglich selbst anbaut. Es gibt mehrere Zuchtformen vom Knoblauch. In Weinbergen und auf ehemaligen Weinbergen findet man oft den Weinberg-Lauch. Die Knoblauchpflanze hat jedoch auch eine interessante Gestalt. Im Boden sitzt die Knolle mit den Knoblauchzehen. Aus der Erde ragt der lange Stängel mit schmalen Blättern. Beim Schlangenlauch, einer Unterart des Knoblauchs ist der Stängel im oberen Teil wie eine Schlange eingerollt. An dessen Ende bildet sich aus der Scheindolde ein knollenartiges Gebilde mit kleinen Brutzwiebelchen. Eine papierartiges Blatt, das sich wie zu einem Schnabel fortsetzt, umhüllt sie. Es sieht ausgesprochen hübsch aus, wenn man mehrere Knoblauchgestalten mit diesen Schnäbeln vor sich hat. Die Brutzwiebeln des Weinberg-Lauchs sehen ganz ähnlich aus. Sie tragen jedoch viele lange, etwas geschlängelte blattartige Fortsätze.

• Zehen und Brutzwiebeln nutzen: Knoblauch ist ein ausgesprochen gesundes Gemüse. Durch seinen hohen Allicingehalt wirkt er antibakteriell und beugt dadurch allen möglichen Infektionen im Magen-Darm-Bereich vor. Außerdem wirken frische Knoblauchzehen blutdrucksenkend und helfen bei Arteriosklerose und Altersbeschwerden. Man kann sich natürlich mit Fertigprodukten aus der Apotheke versorgen. Viel spannender ist es jedoch, das Essen mit frischen Knoblauchzehen oder den Brutzwiebelchen zu verfeinern.
Die Brutzwiebelchen beider Arten kann man ohne weiteres verwenden. Sie schmecken wie Knoblauch. Da sie sehr klein sind, nur erbsen- bis maximal kirschgroß, ist es etwas mühsam, sie zu schälen. Wir geben sie manchmal auch ungeschält zum Gemüse und drücken beim Essen den weich gewordenen Inhalt aus der harten Hülle.

KÜMMEL (Carum carvi)

• Etwas Botanik: Der Kümmel wächst in Mitteleuropa wild auf Wiesen und an Wegrändern, jedoch nicht überall, sondern nur dort, wo nicht intensiv gedüngt wird. Wer Kümmelkörner sammeln möchte, muss allerdings wissen, wie das Kraut aussieht. Kümmel ist verwandt mit Wiesenkerbel und Wiesen-Bärenklau, die ebenfalls auf der Wiese wachsen. Er ist jedoch viel kleiner, hat einen etwas schütteren Wuchs und fällt deswegen nicht so auf wie die beiden anderen sehr verbreiteten Wiesenkräuter. Kräutersammler suchen ihn erst, wenn die Wiesen das erste Mal geschnitten sind, frühestens im Juni. Die Körner reifen nicht auf einmal, sondern nach und nach. Bei der Ernte der Stängel mit den Samenständen

sollten noch nicht alle Körner trocken sein, sonst fallen sie aus. Zu Hause im Trockenen die Blütendolden noch nachtrocknen und die Körner abrebeln. Dunkel und kühl aufbewahren.

- Körner nutzen: Kümmel ist eines unserer ältesten Gewürze. Die Germanen haben das Wildkraut schon verwendet. Schon seit Jahrtausenden schätzen die Menschen die wohltuende Wirkung des Kümmels auf die Verdauung und backen die Körner in Brot, würzen damit das Sauerkraut und setzen Kümmelschnaps damit an. Und sogar in der Feinschmeckerküche hat der Kümmel seinen festen Platz. Ich habe einmal in einem französischen Aromarestaurant voller Begeisterung Kümmelgelee zu Ziegenkäse gegessen.

Der Kümmel hat nachgewiesenermaßen eine blähungswidrige, krampflösende Wirkung. Damit die Inhaltsstoffe voll wirksam werden, muss man die Samenkörner im Mörser oder im Mixer zerstoßen.

KÜMMELKARTOFFELN

- Zutaten:

pro Person 3 – 4 Kartoffeln
ca. 50 g Kümmelkörner
Öl nach Bedarf

- Zubereitung: Die Kartoffeln bürsten, in gleichmäßig dicke Scheiben schneiden und auf ein gefettetes Backblech setzen. Die Scheiben mit einem neutralen Öl (z. B. Sonnenblumenöl) einpinseln. Mit Kümmel bestreuen und ca. 40 Minuten bei mittlerer Hitze backen. Die Kartoffeln passen als Beilage zu Gemüsegerichten, zum Beispiel zu Kraut/Kohl.

KARTOFFELSTRUDEL MIT KÜMMEL

◆ Zutaten:

1 kg Kartoffeln
230 g Weizenmehl
1 gestr. TL gemahlener Kümmel
1/2 TL Meersalz
50 g Pflanzenmargarine
125 ml Wasser
20 g Sonnenblumenöl
60 g Zwiebeln, fein gehackt
1 Knoblauchzehe, fein gehackt
1 kleine Chilischote
1 TL Kräutersalz
3 TL getrocknete Wildkräutermischung (Dost, Brennnessel, Schafgarbe)
300 g Münsterkäse

◆ Zubereitung: Die Kartoffeln waschen und in ca. 20 Minuten fast gar kochen. Das Weizenmehl auf ein Backbrett sieben und mit Kümmel und Salz vermischen. Die Margarine schmelzen und langsam unter das Mehl arbeiten. Das Wasser ebenfalls dazugeben und mit dem Mehl zu einem glatten Teig verarbeiten. Den Teig an einem warmen Ort abgedeckt etwa 30 Minuten ruhen lassen. Die Kartoffeln schälen, in kleine Würfel schneiden und in Öl kräftig anbraten. Die Zwiebeln und die Knoblauchzehe zu den Kartoffeln geben und mitbraten. Die Chilischote in einem Mörser zerstoßen und mit den restlichen Gewürzen zu den Kartoffeln geben. Den Strudelteig zu einem großen Rechteck ausrollen, mit den Kartoffeln bestreuen und zum Abschluss mit den in halbe Scheiben geschnittenen Käse belegen. Den Teig an den Rändern einschlagen und aufrollen, auf ein gefettetes Blech legen, 20 Minuten ruhen lassen, dann bei 200 °C ca. 35 Minuten backen und noch heiß mit einem frischen Salat servieren.

SONNENBLUMENKERNE (Helianthus annuus)

◆ Etwas Botanik: Sonnenblumenkerne sind die Samen der Sonnenblume. Genau gesagt, ein Teil der Samen; in natura haben sie noch eine harte, dunkelgrau-weiß gestreifte Hülle. Man kennt sie vom Vogelfutter. In Ländern, in denen die Sonnenblumen traditionell für die Ölgewinnung angebaut werden, ist es üblich, die ganzen Samen in den Mund zu nehmen, sie zu zerkauen und die Hülle wieder auszuspucken.

Die schönsten Samen haben die Sonnenblumen mit den großen Körben. Bei den zahlreichen Zuchtsorten sind die Samen kleiner und taugen nicht zum Kauen. Für den Haushaltsbedarf an Sonnenblumenkernen wird kaum jemand Sonnenblumen anbauen wollen. Das überlassen wir besser den Profis, zumal die Samen in einem speziellen Verarbeitungsschritt noch geschält werden müssen. Aber für die Vögel und zum Dekorieren sollte es in jedem Garten ein paar Stängel geben. Und wer weiß, vielleicht werden wir uns in Notzeiten wieder an die nahrhaften, fetthaltigen Sonnenblumenkerne erinnern.

WALNUSS (Juglans regia)

◆ Etwas Botanik: Der Walnussbaum wächst als großer Baum mit ausladendem Wuchs auf Bauernhöfen, auf Streuobstwiesen, gelegentlich in Parks. Walnussbäume sind meistens kein Allgemeingut. Man darf die Walnüsse deshalb nicht einfach aufsammeln, son-

dern muss den Besitzer fragen. Es wird jedoch niemand etwas dagegen haben, wenn man ein paar frisch auf den Boden gefallene Nüsse aufliest. Walnussbäume werden in Europa, Nordafrika, Nordamerika und Ostasien kultiviert. Die Früchte sitzen zu zweit oder dritt an den Enden der Zweige. Ich finde es immer wieder hochinterssant, den Reifeprozess zu beobachten. Zunächst öffnet sich die grüne, fleischige Hülle einen Spalt breit. Wenn sie sich weiter öffnet, sieht man die braune Nussschale, zunächst noch umgeben von einem netzartigen, dunkelbraunen Fasergeflecht. Reife Nüsse fallen von selbst vom Baum. Sie sind nur richtig reif und genießbar, wenn sie sich von der Hülle gelöst haben. Die Nüsse schnell aufsammeln und zum Nachtrocknen flach auf Horden oder in Kisten ausbreiten. Dabei die Nüsse immer wieder bewegen. Bei Feuchtigkeit und Kälte die Nüsse ins Haus holen. Trocken, luftig und kühl aufbewahren!

- Walnüsse nutzen: Nur wirklich gesunde Nüsse verwenden. Die Nüsse, die innen von einem Pilzgeflecht überzogen sind, unbedingt verwerfen. Manchmal muss man sehr genau schauen, wenn nötig Brille und Lupe zu Hilfe nehmen, um das Pilzgeflecht zu erkennen. Hier treiben Schimmelpilze ihr Unwesen, die hochgiftiges Aflatoxin erzeugen können.

Am besten schmecken die Walnüsse ganz frisch, noch „grün", solange man die innere Haut abziehen kann. Das Nüsseknacken kann zur Erntezeit zu einer abendfüllenden Beschäftigung werden.

Für mich gibt es fast nichts Köstlicheres als ein frugales Mahl mit Walnüssen, Weintrauben vom Weinberg oder vom Spalier am Haus, mit saftigen Birnen aus dem Garten, dazu rezenten Käse – reifen Camembert oder richtigen Emmentaler und natürlich ein Glas Wein dazu.

WEG-MALVE, KÄSEPAPPEL (Malva neglecta)

- Etwas Botanik: Es gibt unzählige Malvenarten. Sie wachsen wild oder werden in Gärten kultiviert. Allen gemeinsam ist jedoch die sich weit öffnende Blüte in meist weißlichen, lilafarbenen oder rosa Farbtönen. Die seidigen Blütenblätter sind meist dunkler geadert. In die Verwandtschaft der Malven gehören auch die Stockrosen und der Eibisch.
- Blüten und Früchte nutzen: Mit den schwarzroten Blüten der Schwarzen Stockrose (Alcea rosea) lassen sich Tees und kühle Getränke färben. Die Blüten der Wilden Malve (Malva silvestris) färben ebenfalls. Die Färbekraft beruht auf den in den Blüten enthaltenen Anthocyanen. Die Lebensmittelindustrie macht sich dies zunutze. Eine besonders schöne Farbe hat „Malventee". Für diesen Tee werden jedoch nicht die bei uns bekannten Malvenarten verwendet, sondern eine verwandte tropische Art, Hibiscus sabdariffa, mit dunkelroten Blüten.

Zum Auftischen ist die Wegmalve oder Käsepappel (Malva neglecta) ganz interessant. Früher kannte jedes Schulkind dieses Pflänzchen. Auf dem Schulweg, am Wegrand, wurden die „Käselaibchen", das sind die Fruchtstände dieser Pflanze, geerntet. Sie sehen wie Mini-Käselaibchen aus und schmecken mild-nussig. Eine hübsche Dekoration bei schlichten Mahlzeiten.

ESSBARE KNOLLEN UND WURZELN

Pflanze	Erntezeit	Zubereitung
Meerrettich s. auch Seite 66	in den Monaten mit „r"	Saucen, Brotaufstrich, zum Würzen
Nachtkerze, Rapontika	ab September den ganzen Winter über	Gemüsegerichte, Suppe
Topinambur, Knollensonnenblume	den Winter über, Oktober – April	frisch als Salat, Presssaft gedünstet für Gemüse,
Pastinake, Hammelmöhre	im Herbst und Winter	Salat, Suppe, Aufläufe

Die Wurzelgemüse, die in diesem Buch vorgestellt werden, halten sich am besten an Ort und Stelle im Boden. Wenn sie einige Tage draußen liegen, beginnen die Wurzeln der Pastinake und die Knollen des Topinamburs zu schrumpeln. Allenfalls in feuchtem Sand eingeschlagen, wie früher üblich, oder in alten Krautstanden in feuchter Atmosphäre gelagert halten sie sich den ganzen Winter über frisch.

MEERRETTICH (Armoracia rusticana)

◆ Etwas Botanik: Meerrettich ist ein typisches Wintergemüse. Die frischen Stangen sind nur im Winter, in den Monaten mit einem „r", auf dem Markt beziehungsweise werden von September bis April im Garten geerntet.

Meerrettich wächst am besten auf sandhaltigem Boden. Die „Fechser", das Pflanzgut des Meerrettichs, werden flach in den Boden gelegt und während der Kultur im Sommer am besten mehrmals freigelegt, die Seitenwurzeln dabei entfernt und die Wuchsstelle wieder mit Erde zugedeckt.

Im Sommer blüht der Meerrettich. Dann erkennt man, dass die Pflanze zu den Kreuzblütlern gehört, also verwandt ist mit Senf, Rauke und Kohl. Die Blüten selber kann man auch verwenden und damit pikante Gerichte verzieren.

- Meerrettichstangen nutzen: Beim Reiben werden die scharfen Senföle frei gesetzt. Das Wurzelgemüse riecht deshalb scharf und schmeckt auch so. Der geriebene Meerrettich sollte gleich mit Zitronensaft beträufelt oder weiter verarbeitet werden, damit er nicht braun wird. Meerrettichstangen, die man nicht gleich verbrauchen kann, stellen umsichtige Köche in ein Glas mit Wasser. Dann hält er sich frisch.

Der geriebene Meerrettich dient als scharfe Würze für allerhand Zubereitungen: für Suppen und Saucen, für Sahnemeerrettich, für Brotaufstriche .... Meerrettich schmeckt nicht nur gut, sondern ist auch ausgesprochen gesund. Die Glukosinolate (Senföle) sind effektive Bakterienkiller, speziell bei Erkältungskrankheiten und bei Blasenkatarrh. Außerdem regt der Meerrettich die Ausscheidungsorgane an: Nach Meerrettichgenuss steigt die Harnmenge deutlich an! Von dem hoch wirksamen Gemüse sollte man also nicht zu viel zu sich nehmen: Mehr als 20 Gramm der frischen Wurzel am Tag sollte man nicht verzehren. Und bitte bedenken Sie, dass empfindliche Menschen auf die Senföle allergisch reagieren können.

MEERRETTICHGEMÜSE MIT RINDFLEISCH

◆ Zutaten (für 4 Personen):
2 TL Salz
1 Bund Suppengrün
(Möhre, Pastinake,
Porreestange, 1 Stück Sellerie)
1 Zwiebel
2 Gewürznelken
650 g Tafelspitz (Rinderkeule)
1 Stange frischer Meerrettich
Saft einer Zitrone
1 TL Zucker
200 ml Sahne

◆ Zubereitung: 2 l Wasser mit Salz, geputztem, zerkleinerten Suppengrün, Zwiebel, Gewürznelken und Lorbeerblatt zum Kochen bringen, Fleisch zugeben und etwa 1 Stunde kochen lassen. Das Fleisch herausnehmen, aufschneiden und mit Möhrenstücken (vom Suppengrün) servieren.

Inzwischen den Meerrettich schälen, reiben und mit Zitronensaft und Zucker mischen. Sahne schlagen und Meerrettich unterziehen.

Dazu passt Wirsing-, Rosenkohl- oder Möhrengemüse.

NACHTKERZE, RAPONTIKA, GELBE RAPUNZEL, SCHINKENKRAUT, STOLZER HEINRICH (*Oenothera biennis*)

◆ Etwas Botanik: Die Nachtkerze wächst in vielen Gärten als Zierpflanze. Dort fällt sie durch ihren ungewöhnlichen Blührhythmus auf: Ihre duftenden gelben Blüten öffnen sich abends weit und schließen sich am nächsten Morgen wieder. Die zweijährige Blume blüht den ganzen Sommer über, immer wieder öffnen sich neue Blüten an den Verästelungen. Die Nachtkerze bildet reichlich Samen aus und sorgt so für eine gute Verbreitung. Die Nachtkerze ist noch nicht lange in Europa verbreitet. Ursprünglich stammt sie aus Amerika. Mittlerweile gefällt es ihr so gut, dass sie sich von den Gärten aus in die freie Natur hinein ausgebreitet hat. Wegen ihrer dicken Pfahlwurzeln wurde die Nachtkerze bis ca. 1940 als Gemüse angebaut.

◆ Wurzeln nutzen: Die Wurzeln der Nachtkerze ähneln denen der Pastinaken und der Möhren. Sie können wie diese roh oder gedünstet zubereitet werden.

Die Samen der Nachtkerze enthalten Omega-3-Fettsäuren. Die Pharmaindustrie gewinnt das wertvolle Nachtkerzenöl aus der Pflanze. Es spielt in der Medizin eine Rolle als Präparat bei prämenstruellem Syndrom.

TOPINAMBUR, KNOLLENSONNENBLUME

(Helianthus tuberosus)

◆ Etwas Botanik: Den eigenartigen Namen hat das Gemüse dem Indianerstamm Topinambo zu verdanken. Die Indianer sollen 1613 am Pariser Hof zu Gast gewesen sein. Ungefähr zu der Zeit ist der mit der Sonnenblume verwandte Korbblüter aus Amerika nach Europa gelangt. – Wie Tomate und Kartoffel ist er eine neue Kulturpflanze in unseren Landen, dessen Karriere jedoch nicht ganz so spektakulär verlief. Als Gemüse konnte sich Topinambur nie so recht durchsetzen, obwohl er sich sehr leicht anbauen lässt. Dagegen hat er eine gewisse Bedeutung als Wildfutter erlangt. Förster und Jäger bauen das Knollengewächs gezielt auf Wildäsungsflächen an – als Futter für Wildschweine und für Rehe.

Das Sonnenblumengewächs vermehrt sich über Tochterknollen von selbst. Es bringt erstaunliche Erträge und es ist erstaunlich frosthart. Die Knollen bleiben im Winter im Boden und können jederzeit geerntet werden. Leider fallen auch die Mäuse über die Bestände her. Auf der anderen Seite schrumpeln die Knollen an der Luft sehr schnell und sind nicht mehr zu gebrauchen. Als Handelsware taugen sie deshalb nicht – nur für den Anbau im eigenen Garten oder für ganz schnelle Vermarktungswege. Das sollte Wildgemüsefans nicht davon abhalten, es mit der nahrhaften Knolle zu versuchen.

- Knollen nutzen: Spezialgärtnereien bieten mehrere Sorten an, die sich durch die Größe der Knollen und die Farbe der Haut unterscheiden. Da gibt es solche mit bräunlicher oder gelblicher Schale und – besonders hübsch – blau-violett gefärbte. Da das Schälen der Knollen mit den vielen Auswüchsen, mit Eindellungen und Ausstülpungen einige Mühe bereitet, ziehe ich es vor, die Knollen lediglich gründlich abzubürsten und mit der Schale zu verbrauchen. Ihren vollen nussigen Geschmack verbreiten die Knollen roh. Sie machen Kartoffelchips und anderem Knabbergebäck Konkurrenz. Eine gängige Zubereitungsart ist das Raspeln wie bei Möhren für Salat. In Scheiben geschnitten wird er zu Aufläufen verarbeitet. Und mixen lässt sich die stärkereiche Knolle auch.

Mit dem Topinambur steht ein wirklich nahrhaftes Gemüse zur Verfügung. Vollwertige Mahlzeiten lassen sich daraus zubereiten. Es ist eigentlich schade, dass dieses Gemüse immer noch so wenig bekannt ist, dabei könnte es von seinen geschmacklichen und küchentechnischen Qualitäten ohne weiteres einen Stellenwert wie Möhren einnehmen. Es lässt sich genauso wie die Möhren roh oder gedünstet zubereiten, die Knollen kann man zu Saft verarbeiten und Spezialisten im Badischen stellen sogar einen Schnaps daraus her. Einen entscheidenden Vorteil hat Topinambur dazu: Es enthält den Stärkestoff Inulin, den auch Diabetiker zu sich nehmen können.

SÜẞER TOPINAMBURSALAT

• Zutaten (für 4 Personen):
400 g grob geraspelter Topinambur
100 g grob geraspelte Äpfel,
mit Zitronensaft beträufelt
2 EL süße Sahne, 2 EL Sauermilch
eine Prise Salz, etwas weißer Pfeffer
etwas Zucker oder dünnflüssigen Honig, (für Diabetiker ersatzweise eine Prise geriebene Steviablätter), eine Handvoll grob zerkleinerte Wal- oder Haselnüsse

• Zubereitung: Alle Zutaten mischen und vor dem Servieren etwa 1 Stunde durchziehen lassen. Zum Servieren mit gehackten Walnüssen bestreuen.

TOPINAMBUR MIT SAUERKRAUT

• Zutaten (für 4 Personen):
500 g rohes Sauerkraut
500 g grob gestiftelter Topinambur
1 große Zwiebel
4 EL Sonnenblumenöl oder ein anderes neutrales Öl zum Braten
einige Wacholderbeeren
1/2 TL Kümmelkörner
ca. 4 EL saure Sahne
grob zerkleinerte Haselnüsse

• Zubereitung: Die fein geschnittene Zwiebel in dem Öl anbraten. Topinamburstifte kurz mitbraten. Temperatur zurücknehmen.Rohes Sauerkraut dazu geben. Gewürze, saure Sahne und Nüsse untermischen. Lauwarm mit Pellkartoffeln servieren.

PASTINAKE, HAMMELMÖHRE (Pastinaca sativa)

Die Pastinake ist in früheren Zeiten auf Äckern und in Gärten kultiviert worden. Aus den Gärten ist sie fast völlig verschwunden; sie wächst heute wild auf der Wiese, an Straßenrändern, auf Bahndämmen und auf Steinbruchgelände. Es ist müßig, sie dort zu ernten. Im guten Gartenboden wächst sie besser und bringt sehr gute Ernten! Im Saatguthandel ist meistens die Sorte ‚Halblange weiße'. Die Pastinakenwurzel sieht der Wurzelpetersilie zum Verwechseln ähnlich, ist durch und durch cremefarben, wird aber meistens größer und am Kopf dicker als jene. Die Möhre hat dieses früher sehr verbreitete Gemüse fast ganz von den Speisezetteln verdrängt. In der Bio-Szene und in Feinschmeckerkreisen kennt und schätzt man die Pastinake, und das nicht nur als Suppengemüse. Das Wurzelgemüse hätte eine weitere Verbreitung verdient, es ist Nahrung und Heilmittel zugleich. Die Pastinake fördert die Verdauung und wirkt harntreibend und ist deswegen gut bei Nieren- und Blasenbeschwerden. In der Küche wird die Pastinake so wie die Möhre verarbeitet; roh oder gedünstet, in Scheiben geschnitten, geraffelt oder gestiftelt. Das geschmackvolle Gemüse passt in Rohkostsalate, in Suppen und Aufläufe und lässt sich in Bierteig ausbacken.

Die zweijährige Pflanze kommt im zweiten Jahr zur Blüte. Mit ihren gelblichen Doldenblüten unterscheidet sie sich von anderen Doldenblütlern. Man kann ohne weiteres die Samen auch verwenden; sie schmecken sehr aromatisch und eignen sich zum Würzen von Suppen oder wie der Dill zum Einmachen von Gurken (s. S. 100). Das Gemüse ist so robust, dass es draußen an Ort und Stelle im Gartenboden überwintern kann, eventuell mit einer leichten Decke aus Stroh oder Säcken geschützt vor allzu tiefem Frost.

ESSBARE PILZE

Pilze sind ein heikles Kapitel. Es sollte klar sein, dass man nur die Pilze sammelt, die man ganz sicher kennt. Ich persönlich esse Pilze nur mit einem leicht mulmigem Gefühl. Auf den Wiesen in der Umgebung unseres Hauses finden wir manchmal im Herbst Wiesenchampignons oder Waldchampignons und Schopftintlinge und füllen unsere Spankörbe damit. Die Schopftintlinge sind an ihrer eigenartigen Gestalt gut zu erkennen. Beim Vergehen werden sie unappetitlich und färben sich blauschwarz, eben wie Tinte. Wiesenchampignons sprießen meist in größeren Kolonien auf der Wiese, es gibt kleine und große Exemplare. Man erkennt sie sicher an ihren rosafarbenen Lamellen. (Die Farbe der Lamellen unterscheidet sie sicher vom Grünen Knollenblätterpilz; bei dem sind die Lamellen reinweiß!) Außer dem Wiesenchampignon gibt es den ganz ähnlichen Stadt- und Waldchampignon.

Pilze sind unstete Gesellen: In manchen Jahren wachsen so viele, dass wir sie frisch gar nicht verbrauchen können und sie sogar noch trocknen müssen; in anderen Jahren gibt es so gut wie keine Pilze. Zum Trocknen schneiden wir die Champignons in Scheiben und legen sie auf Pergamentpapier. Die Waldchampignons färben sich dabei intensiv rot (Erkennungsmerkmal!). Beim Trocknen verliert sich die Rotfärbung wieder. Über der Heizung oder in der Nachwärme des Backofens trocknen sie in einigen Tagen und duften dabei intensiv. Andere Leute fädeln die Pilze auf und trocknen sie an der Luft. Was mich immer wieder verblüfft, ist, wie die Champignons ihren Geruch verändern. Getrocknet riechen sie nach Wildgerichten. Der Schopftintling eignet sich dagegen nicht zum Trocknen.

PILZGEMÜSE

◆ Zutaten:

pro Person ca. 150 g frische Pilze
1 kleine Zwiebel
etwas Butter oder Olivenöl
zum Anbraten
frisch gemahlener Pfeffer
etwas Salz
zum Würzen Majoran
und/oder Dost
Crème fraîche nach Belieben

◆ Zubereitung: Die frischen Pilze putzen und je nach Art in Scheiben oder in Stücke schneiden. Die Zwiebel fein würfeln und in dem Fett glasig braten, die Pilze kurz mitbraten, das Ganze mit Rotwein ablöschen und bei geschlossenem Topf kurz weiter garen. Die Gewürze zum Schluss beifügen und unterrühren. Wer mag, kann noch etwas Crème fraîche unterrühren. Dieses Gemüse lässt sich sehr schnell zubereiten und passt hervorragend zu Pasta aller Art.

Bild Seite 123
Waldchampignon

Schopftintling
Käppchenmorchel
Speisemorchel
Schirmpilze (v. l.)

FLORALES
AUS BLÜTEN UND BLÄTTERN

Blumen für die Vase präparieren

Blumen hören mit dem Schnitt nicht auf zu leben. Sie setzen ihren Stoffwechsel in der Vase fort. Tulpen brauchen am Tag oft eine ganze Vasenfüllung voll Wasser. Wer lange Freude an den Schnittblumen haben will, sollte beim Schneiden und beim Versorgen der Blumen sorgfältig vorgehen.

Es ist wichtig, in welchem Entwicklungsstadium man die Blumen für die Vase schneidet. Eine Faustregel besagt, dass bei Korbblütlern zwei bis drei Kreise der Röhrenblüten offen sein müssen. Bei Rispenblüten wie beim Rittersporn oder bei Astilben ist der richtige Schnittzeitpunkt, wenn 20 Prozent der Blumen erblüht sind. Doldenblütler sollten fast voll erblüht sein, während Zwiebelblumen knospig geschnitten werden, allenfalls wenn sie gerade erblüht sind. Die abgeschnittenen Stängel sollten spätestens nach 15 Minuten ins Wasser kommen, sonst verstopfen Luftbläschen die Leitungsbahnen.

Verstopfung droht den Wasserleitungsbahnen auch durch Bakterien, die sich in der Vase halten. Dem kann man durch gründliches Säubern der Vasen bei hohen Temperaturen in der Spülmaschine oder durch Ausbürsten mit heißem Essigwasser vorbeugen. Frischhaltemittel können die Haltbarkeit der Blumen verlängern. Sie wirken im Vasenwasser zum einen gegen die Bakterien und zum anderen stellen sie Nährstoffe für die Blumen zur Verfügung.

Durch einen langen, sauberen Schnitt vergrößert man die Ansaugfläche. Je härter und verholzter der Stängel (zum Beispiel bei Rosen), desto länger sollte der Anschnitt sein.
Weichstielige Blumen wie Christrosen, Anemonen und Alpenveilchen ritzt man am Stielende seitlich an, um die Wasseraufnahme zu verbessern. Bei Christrosen ist es wichtig, den richtigen Schnittzeitpunkt zu erwischen, nämlich dann, wenn die Staubgefäße voll entwickelt sind.
Klatschmohn welkt in der Vase normalerweise sehr schnell. Mit einem Trick kann man die herrlichen Blüten (kurzzeitig) für die Vase präparieren: Die Stielenden einige Sekunden lang in sehr heißes, fast kochendes Wasser halten, bis keine Luftbläschen mehr aufsteigen. Dadurch verbessert sich die Wasseraufnahme und der Milchsaft stockt. Das gelingt auch, indem man die Stielenden über eine offene Flamme hält. Die Blüten dabei mit Papier vor der Hitze schützen. Um den Milchsaft abzubinden, kann man die Enden auch in Holzkohlepulver tauchen. Statt Klatschmohn nimmt man besser Blütenstängel vom Türkenmohn (Papaver orientale), einer Staude, oder vom Islandmohn (Papaver nudicaule).

Stellen Sie Narzissen nie zusammen mit anderen Frühlingsblumen in die Vase. Sie sondern einen Schleim ab, der den anderen Gewächsen schadet.

Auf die gleiche Weise präpariert man andere Pflanzen, die Milchsaft absondern, zum Beispiel Weihnachtssterne oder Wolfsmilchgewächse.
Die Kochendwassermethode ist auch günstig bei Sommerblumen mit behaarten Stielen, also zum Beispiel bei Sonnenblumen.

Blumen trocknen

Kreative Menschen beschäftigen sich gerne mit Blumen. So entsteht schnell der Wunsch, diese Kostbarkeiten der Natur für den Winter zu konservieren. Die einfachste Methode ist, die Blütenstängel zu bündeln und kopfunter aufzuhängen. Diese Bündel sehen für sich schon recht dekorativ aus. Menschen mit floristischer Ader basteln aus den Stängeln und Blüten dekorative Objekte. An der Sonne verblassen die Blüten. Wenn man sie dunkel aufbewahrt, behalten sie die Farbe.
Die Blütenstängel werden kurz vor Beginn der Hauptblüte geerntet.

Gartenblumen zum Trocknen

Disteln
Gerbera
Gräser: Getreide,
einjährige Ziergräser und
ausdauernde Staudengräser
Hortensien
Jungfer im Grünen = Gretel im Busch

Wildblumen zum Trocknen

Ackerhellerkraut
Ampfer
Blutweiderich
Braunwurz
Disteln
Dost, Wilder Majoran
Engelwurz

Lavendel

Rosen

Hohe gelbe Schafgarbe

Purpurrudbeckie

Silberblatt

Sonnenblumen

Sonnenhut

Strandflieder (Statice)

Strohblumen

Zierlauch

Flockenblume

Große Klette

Hopfen

Knautie = Acker-Witwenblume

Königskerze

Kohldistel

Rainfarn

Rossminze

Schafgarbe

Sumpfgarbe

Wasserdost

Wegerich

Weidenröschen

Wilde Karde

Rainfarn
Kräutersträußchen
Lavendel
(v. l.)

Blumen in Silika-Gel einlegen

Eine besonders schonende Methode für kostbare Blüten ist das Einlegen in Silika-Gel. Das Präparieren verlangt große Sorgfalt. Form und Farbe der Blüten von Rosen, Nelken, ja, sogar von Pfingstrosen bleiben auf diese Weise erhalten.

Silika-Gel oder Blaugel ist kein Gel-artiges Material, sondern ein salzartiger, trockener Stoff (Siliciumdioxid), der mit einem Farbindikator blau gefärbt ist. Man bekommt es in Apotheken oder in Drogerien. Das Material eignet sich hervorragend zum Trocknen empfindlicher Blüten, von Rosen, Pfingstrosen, Rittersporn, Nelken, ja sogar von Papageientulpen. Die Blüten behalten beim Trocknungsprozess Form und Farbe, wenn man sorgfältig vorgeht. Die Blüten werden einzeln in ein ausreichend tiefes Gefäß (luftdicht verschließbare Plastikdosen eignen sich hervorragend) eingeschichtet. Jede einzelne Blüte sorgfältig mit dem blauen Salz einstreuen, besonders auch zwischen den einzelnen Blütenblättern und möglichst ganz bedecken. Dose verschließen. Wenn das „Gel" Wasser aufnimmt, verfärbt es sich rosa. Die Wasseraufnahmefähigkeit geht nur bis zu einem gewissen Grad. Wenn das Gel gesättigt ist, muss man die Blüten herausnehmen, das Salz abschütteln und abklopfen, und das Gel trocknen, bis es wieder blau wird. Dann kann man die Prozedur wiederholen, so oft, bis sich das Material nicht mehr rosa färbt. Die jeweilige Trocknungsphase dauert etwa ein bis zwei Wochen.

Die getrockneten Blüten sind sehr fragil und müssen einzeln, trocken und dunkel, aufbewahrt werden oder man fertigt gleich kostbare Gestecke aus ihnen.

LAVENDELFLÄSCHCHEN

Lavendelfläschchen herzustellen ist eine sehr entspannende Beschäftigung, bei der einem sogar der wohltuende Lavendelduft um die Nase weht. Lediglich etwas Fingerfertigkeit muss man mitbringen.

◆ Benötigte Utensilien und Zutaten: Man braucht ein Bündel von frischen Lavendelblütenstängeln, möglichst zu Beginn der Blüte geschnitten, dazu ein Sortiment aus Bindfäden und schönen Bändern und eine Schere.

◆ Herstelllung: Ein kleines Bündel Lavendelblütenstängel in die Hand nehmen und unmittelbar unter den Blütenständen mit einem Bindfaden oder einem Wollfaden straff zusammenbinden (aber nicht so, dass die Stiele brechen). Die Stiele einzeln nacheinander über den Faden umknicken, so dass die Blüten umfasst werden. Die Stängel unterhalb des Blütenwulstes wieder zusammenbinden, so dass gesamt betrachtet eine Keule oder eine Flasche entsteht. Die überstehenden Stengelenden auf gleicher Länge abschneiden und am Ende noch einmal zusammenbinden.

Die Lavendelfläschchen kann man zwischen die Wäsche oder in den Kleiderschrank legen. Sie verströmen lange ihren Duft und vertreiben dazu noch die Motten.

FLORALE KRÄNZE

Ein paar Ideen für einfache Kränze, für die man so gut wie keine speziellen Materialien braucht. Am liebsten ist es mir, wenn man die Triebe oder Äste nur ineinander schlingt. Dafür eignet sich die Wilde Waldrebe oder Clematis hervorragend. Auffällige, fedrige Samenstände schmücken sie. Die Kränze ergeben einen dekorativen, natürlich anmutenden Türschmuck für den Herbst und Winter und halten bei pfleglichem Umgang jahrelang. Man muss die Kränze schlingen, solange die Triebe geschmeidig sind.

Auch für kleine Hagebuttenkränzchen braucht man keinerlei Utensilien; allerdings sollte man sich wegen der Dornen mit Handschuhen wappnen. Die Hagebutten tragenden Ästchen lassen sich ineinander schlingen und bleiben in sich stabil – ein hübscher Tischschmuck für den Herbst und die Vorweihnachtszeit.

„NASSES" ROSEN-POTPOURRI

Potpourris sind eine wunderbare Möglichkeit, die Düfte des Sommers in den Raum zu holen. Beim Öffnen meiner Potpourri-Dose fühle ich mich wie im Orient, ein intensiver Rosenduft umhüllt mich sogleich. In der Dose befindet sich ein eher unappetitlich aussehender Haufen Rosenblätter, in dem Salzkristalle glitzern. Es ist ein so genanntes „nasses" Potpourri, eigentlich das klassische Potpourri, das den Blumen den Duft entlockt.

◆ Benötigte Utensilien und Zutaten: Man braucht eine fest verschließbare Dose aus Porzellan oder Steingut. Blütenblätter von sehr gut duftenden Rosen („alte" Rosen, zum Beispiel Moosrosen oder Zentifolien), Salz und etwas Weinbrand.

◆ Herstellung: Von gerade frisch aufgeblühten Duftrosen – ich nehme die Blüten der öfter blühende „alten" Rosensorte ‚Salet' – erntet man die Blütenblätter am besten morgens, dann duften sie am intensivsten. Die Blütenblätter auf einem Tuch ausbreiten und etwa einen halben Tag lang antrocknen lassen. Dann eine dünne Lage Blütenblätter in die Dose schichten, reichlich Salz darüber streuen, dann folgt die nächste Lage, usw.. Die Dose verschließen und ein paar Tage stehen lassen. Zwischendurch eventuell kontrollieren und den Inhalt umrühren. Wenn die Rosenblätter relativ feucht eingeschichtet wurden, zieht nach und nach Wasser. Das wird nach Bedarf abgeschüttet. Nach dieser Umsetzungsphase et-

was Weinbrand hinzugeben und untermischen (die Blätter sollen davon nur benetzt werden). Den Inhalt in der verschlossenen Dose weiter ruhen lassen. Beim Öffnen nach ein bis zwei Wochen schlägt einem ein betörender Duft entgegen. Die Blätter sind nicht eigentlich trocken, sondern geschmeidig, samtig und glitzern von den Salzkristallen. Damit das Potpourri etwas Farbe bekommt, kann man noch ein paar trockene Rosenblätter dazu streuen.

„TROCKENES" POTPOURRI

Diese Variante ist wesentlich einfacher herzustellen, mehr etwas fürs Auge, weniger für die Nase. Hübsch sieht es aus, wenn man die Potpourris nach Blüten-Farben zusammenstellt: Gelb-Orange-Töne, Blau-Töne oder warme Erd- und Holz-Töne.

- Benötigte Utensilien und Zutaten: eine gut verschließbare Dose, getrocknete Blütenblätter, Iriswurzelpulver (Rhizomae iridis) aus der Apotheke, ätherisches Öl (Rosen-, Duftgeranien-, Zitronenöl und andere)

- Herstellung: Die jeweiligen Blüten trocknen, für das Potpourri eventuell die Blütenblätter von großen Blütenständen abzupfen. Mit einer Prise Iriswurzelpulver vermischen und ein paar Tropfen ätherisches Öl hinzuträufeln. In einer gut verschließbaren Dose etwa zwei Wochen lang ruhen lassen. Die Dose dann jeweils nach Bedarf öffnen und daran schnuppern oder offen als Dekoration stehen lassen. Dann „verduften" die ätherischen Öle jedoch und man muss gelegentlich ätherisches Öl nachträufeln.

Für ein fröhliches Potpourri in Gelb-Orange eignen sich: Ringelblumenblüten, Kamilleblüten, Rainfarnblüten, Orangenschalen.

Ein „blaues" Potpourri kann aus Lavendelblüten, Ritterspornblüten und Kornblumenblüten bestehen.

Ein rosafarbenes Potpourri besteht aus Rosenblüten bzw. Rosenblütenknospen, Phloxblüten, Wickenblüten.

BEZUGSQUELLEN FÜR ERNTEFRISCHE BLÜTEN

Hofläden von Biohöfen und Biogärtnereien, Markthallen der Großstädte

Essbare Landschaften GmbH, Olaf Schnelle und Ralf Hiener
Gutshaus Boltenhagen, D-18516 Süderholz
Telefon: 03 83 26/4 63 35, Fax: 03 83 26/4 63 37
Info@essbare-landschaften.de, www.essbare-landschaften.de

BEZUGSQUELLEN FÜR SAATGUT UND PFLANZEN VON ESSBAREN KRÄUTERN

Bio-Saatgut, Ulla Grall, Eulengasse 3, D-55288 Armsheim
Telefon: 0 67 34/96 03 79, Fax: 0 67 34/96 00 14
www.bio-saatgut.de

Blauetikett-Bornträger GmbH, 67591 D-Offstein, Telefon: 0 62 43/90 53 26

Staudengärtnerei Gaissmayer, Jungviehweide 3, D-89257 Illertissen
Telefon: 0 73 03/72 58, Fax: 0 73 03/4 21 81
Info@staudengaissmayer.de, www.staudengaissmayer.de (nur Pflanzen erhältlich)

Kräuterei (Bioland-Gärtnerei), Silvia Heinrich
Alexanderstr. 29, D-26121 Oldenburg, Telefon und Fax: 04 41/88 23 68
kraeuterei@t-online.de, www.kraeuterei.de

Wildpflanzengärtnerei Wolfhart Lau
Lindenweg 17, D-79737 Großherrischwand, Telefon: 0 77 64/2 39
www.hof-berggarten.de

Otzberg Kräuter, Burghart Koch
Erich-Ollenhauer-Strasse 87 a, D-65187 Wiesbaden
Telefon: 06 11/8 12 05 45, Fax: 06 11/8 46 05 58
Direktverkauf in der Gärtnerei und samstags auf dem Wochenmarkt
in Frankfurt an der Konstabler-Wache

Rieger-Hofmann GmbH, Samen und Pflanzen gebietsheimischer Wildblumen
und Wildgräser aus gesicherten Herkünften
In den Wildblumen 7, D-74572 Blaufelden-Raboldshausen
Telefon: 0 79 52/56 82, Fax: 0 79 52/65 09
info@rieger-hofmann.de, www.rieger-hofmann.de

Rühlemanns Kräuter & Duftpflanzen, Auf dem Berg 2, D-27367 Horstedt
Telefon: 0 42 88/92 85 58, Fax: 0 42 88/92 85 59
www.ruehlemanns.de (Saatgut und Pflanzen)

Syringa, Duft- und Würzkräuter, Bernd Dittrich, Bachstraße 7, D-78247 Hilzingen-Binningen
Telefon: 0 77 39/14 52, Fax: 0 77 39/6 77
www.syringa-samen.de (Saatgut und Pflanzen erhältlich)

LITERATUR

Brunhilde Bross-Burkhardt: Wildkräuter und Wildgemüse. 2003, Neuer Umschau Buchverlag Neustadt/W.

Brunhilde Bross-Burkhardt: Wildobst und Wildbeeren. 2003, Neuer Umschau Buchverlag Neustadt/W.

Brunhilde Bross-Burkhardt: Zauberhafte Pflanzendüfte. 2004, Neuer Umschau Buchverlag Neustadt/W.

Wolfram Buff/Klaus von der Dunk: Giftpflanzen in Natur und Garten. 2. neubearbeitete Auflage 1988, Verlag Paul Parey, Berlin und Hamburg

Andrew Chevallier: Die BLV-Enzyklopädie der Heilpflanzen. 1998, BLV Verlagsgesellschaft München

Ilse Sybille Dörner: Das grüne Kochbuch. Handbuch der naturbelassenen Küche. 1982, ECON Verlag Düsseldorf – Wien

Erich Heiß: Wildgemüse und Wildfrüchte. Ohne Jahrgang. Waerland Verlagsgenossenschaft eG, Mannheim

Hermine Hofbauer: Die Verwertung von Obst und Gemüse aus dem Garten. Hrsg. Bayerischer Landesverband für Gartenbau und Landespflege e.V.

Ludwig Klein: Nutzpflanzen der Landwirtschaft und des Gartenbaues. O.J. (ca. 1920) Carls Winter's Universitätsbuchhandlung Heidelberg

A. K. Koschtschejew: Wildwachsende Pflanzen in unserer Ernährung. 1986, VEB Fachbuchverlag Leipzig

Helmut Krug: Gemüseproduktion. 1986, Verlag Paul Parey, Berlin und Hamburg

Joy Larkcom: Der Grünkostgarten. 1986, Mosaik Verlag München

Michael Machatschek: Naschobst und Kinderbrote. Was Kinder früher entlang des Schulweges sammelten und aßen. Natürlich gärtnern 5/2002, S. 8–23

Jane Newdick: Kräuter. 1996, Verlag Eugen Ulmer, Stuttgart

Manfred Pahlow: Das große Buch der Heilpflanzen. Gesund durch die Heilkräfte der Natur. 1979, Gräfe und Unzer Verlag München

Oskar Sebald, Siegmund Seybold und Georg Philippi (Hrsg.): Die Farn- und Blütenpflanzen Baden-Württembergs. 8 Bände, 1990 bis 1998, Verlag Eugen Ulmer Stuttgart

Max Wichtl (Hrsg.): Teedrogen. Ein Handbuch für die Praxis auf wissenschaftlicher Grundlage. 2. erweiterte Auflage 1989, Wissenschaftliche Verlagsgesellschaft mbH Stuttgart

Richard Willfort: Gesundheit durch Heilkräuter. 21. Auflage 1979, Rudolf Trauner Verlag Linz

REZEPTREGISTER

SACHREGISTER

* Abbildung

* Abbildung

Wildobst und Wildbeeren
ISBN 3-8295-6425-2
€ (D) 14,90 /
€ (A) 15,40 / CHF 25,80

Zauberhafte Pflanzendüfte
Wellness für Körper und Seele
ISBN 3-86528-208-3
€ (D) 24,90 /
€ (A) 25,60 / CHF 39,80

heiße drinks für kalte Tage
ISBN 3-86528-210-5
€ (D) 14,90 /
€ (A) 15,40 / CHF 25,80

Wildkräuter und Wildgemüse
ISBN 3-8295-6426-0
€ (D) 24,90 /
€ (A) 25,60 / CHF 42,-

Unser gesamtes Programm mit vielen weiteren interessanten Titeln finden Sie im Internet unter

UMSCHAU

www.umschau-buchverlag.de

Fotos:
Brunhilde Bross-Burkhardt, Edgar Burkhardt (S. 7 und 11), Langenburg
Titelfoto:
Verena Böning, böning-design, Frankfurt am Main
Gestaltung und Satz:
Tischewski & Tischewski, Marburg
Reproduktion:
posi.tiff Dienstleistungen GmbH, Frankfurt am Main
Druck und Verarbeitung:
L.E.G.O, Vicenza

Printed in Italy
ISBN 3-86528-220-2

Besuchen Sie uns im Internet
www.umschau-buchverlag.de